质量素质提升系列

我是打工特战队

——员工质量培训教材

李正权　编著

中国质量俱乐部　组编

中国质检出版社

中国标准出版社

北京

图书在版编目(CIP)数据

我是打工特战队／李正权编著；中国质量俱乐部组编．—北京：中国标准出版社，2015.2

员工质量培训教材

ISBN 978-7-5026-4078-1

Ⅰ.①我…　Ⅱ.①李…　②中…　Ⅲ.①质量管理—技术培训—教材　Ⅳ.①F273.2

中国版本图书馆CIP数据核字（2014）第273708号

内容提要

质量管理始于教育，终于教育，企业应当对员工进行必要的质量培训，员工也应当自觉掌握相关的质量和质量管理知识。但目前员工质量培训往往找不到合适的教材，不是内容过分艰深，就是与员工的实际工作结合不上。本书站在生产一线操作工人的立场和角度讲解产品质量问题，介绍员工应当知道的质量知识，提出相应的质量要求，并且还推出了确保工作质量的“七步战法”，对员工提升自己的质量意识和质量能力大有帮助。作者当过10多年工人，又从事了30余年的企业质量管理和质量理论研究工作，所以该书既有相当的理论根基，又有丰富的工作经验，加上通俗易懂的语言，使本书成为一本理想的质量培训教材，适合于广大员工使用。

中国质检出版社
中国标准出版社 出版发行

北京市朝阳区和平里西街甲2号（100029）
北京市西城区三里河北街16号（100045）

网址：www.spc.net.cn

总编室：（010）64275323　发行中心：（010）51780235

读者服务部：（010）68523946

中国标准出版社秦皇岛印刷厂印刷

各地新华书店经销

*

开本 700×1000　1/16　印张 10.5 字数　157千字

2015年2月第一版　2015年2月第一次印刷

*

定价 35.00 元

如有印装差错　由本社发行中心调换

序

一本质量培训的好教材

中国质量俱乐部主任　孙　磊

日本质量管理大师石川馨曾经说过，质量管理始于教育，忠于教育。ISO 9000 对质量培训也进行了相应的规定。但是，企业开展质量培训，很多员工都不愿意参加，来参加的人往往也心不在焉，花了钱、花了精力却没有达到预期效果，让组织培训的人员感到尴尬，也感到困惑。

我也曾经遭遇过这样的尴尬和困惑。我想，为什么会出现这样的情况呢？

企业对员工进行质量教育，特别是办学习班，搞培训，往往是急功近利的。例如，要申请质量认证了，不举办培训似乎不行，于是就弄些员工来上课。又例如质量出问题了，要进行整顿，也需要开开会，讲讲质量什么的。企业幻想着“立竿见影”，哪知员工却不买账。此且不论。我觉得，没有适用的员工质量培训教材，可能也是一个重要原因。我在网上查，在书店找，试了多次，都没找到一本满意的、适合员工质量培训的好教材。

从 20 世纪 80 年代开始，中国质量协会为配合中央电视台举办的电视讲座，组织编写了《全面质量管理基本知识》一书，至今可能都还是质量培训的权威教材。在当时的计划经济条件下，通过行政手段，全国曾经组织几千万职工参加培训，参加考试，致使其发行量惊人。但是，这本教材的内容，讲了过多的数理统计方法，一半多的篇幅都在介绍诸如排列图、因果图、控制图之类的东西，甚至涉及高等数学，作为生产一线的工人，有几个人能够掌握？掌握了又有何用？后来，此书经过多次修订，出

版了多个版本，但是依然难改其基本结构。加上后来企业生产一线的工人逐渐演变为以农民工为主，此书也就更不适用了。

本书作者李正权先生是著名的质量管理专家，在大型国有企业长期从事过质量管理工作，还在广东、重庆、四川、贵州等多家民营企业、外资企业做过质量顾问，出版有《质量心理学概要》《质量问题大剖析——对质量的社会学研究》《面向战略的质量文化建设》等10多本专著（含与人合作），对企业质量教育存在的问题感同身受，早就想撰写一本适合生产一线员工使用的质量培训教材。2013年11月，在“中国质量俱乐部六周年庆典高端研讨会”上，我们有缘第一次见面。他把想法告诉我，让我一下就想起自己曾经有过的尴尬和困惑，立即表示支持，并鼓动他尽快写出来。

姜是老的辣。毕竟是行家里手，毕竟有深厚的理论根基和丰富的实践经验，毕竟已经考虑过多年，不过几个月光景，他就拿出这本书稿，让我大喜过望。不说其他的，只说书名《我是打工特战队》，就如此吸引人。翻开本书，你会看到诸如“质量是什么东东”“他把他的关我搬我的砖”“我的护身法宝：标识和记录”之类标题，更可以看到诸如“我不是‘高富帅’，我不是‘白富美’，我甚至不是‘屌丝’，我只是一个‘矮穷挫’、一个‘杀马特’。我没有文凭，我也没有特殊技能，我肯定做不了打工皇帝，但我要做打工特战队”之类的文字。他年过花甲，却和打工仔、打工妹心心相通。就凭这满腔热忱，就值得所有的企业管理人员尊敬了，也值得广大打工者敬重了。

本书的最大优势在于，作者站在生产一线操作工人的立场和角度来讲解产品质量问题，来选择他们所需要的质量知识，来提出相应的质量要求。其他不说，只说质量定义。对生产一线的工人来说，何必要去知道质量是符合性还是适用性，何必要去知道质量是“一组固有特性满足要求的程度”，何必要去研究什么“固有的”“明示的”“通常隐含的”“必须履行的”之类术语。对操作工人来说，质量就是合格，只要自己的工作是按规定去做的，只要自己加工的产品是合格的，就可以了。这样的要求，在某些质量管理人员眼里，可能显得太“低档”。事实上，员工只要能确保自己的工作和生产的产品是合格的，就尽到了自己的质量责任，就满足了质量要求，就可以是一个好员工。虽然每个员工生产的产品合格并不能保证企业的最终产品也是合格的，但那已经不是员工的事了，那是管理者包括管理人员的事。对员工，特别是对生产一线的操作者来说，确保合格，就是他的质量方针，也是他的质量目标。当然，要达到这样的目标也不是那么容易的，需要按书中提出的“七步战法”去做。据李正权先生告诉我，“七步战法”是他年轻时在军工企业当装配工时总结的经验。由此可知，本书的价值非同一般，换一个人可能就写不出来了。

李正权先生有一副热心肠，喜欢与打工仔、打工妹交朋友，善于站在最底层去观察社会，去处理问题。因此，本书没有故作高深的理论，没有板着脸教训人的口气，通俗易懂的语言甚至有点让人忍俊不禁。我想，本书肯定能够得到生产一线员工的欢迎。企业把此书作为培训教材，不管是让员工自学还是组织员工学习，也肯定能够收到意想不到的效果。我为有这样一本质量培训的好教材而感到高兴，也为李正权先生对我国质量事业做出的新贡献而感动。

是为序。

目 录 CONTENTS

工 作 篇

改进篇

引　言

我不是“高富帅”，我不是“白富美”，我甚至不是“屌丝”，我只是一个“矮穷挫”、一个“杀马特”。

我没有文凭，也没有特殊技能，我肯定做不了打工皇帝，但我要做打工特战队。

特战，就是特别有战斗力。

特战，就是特别能战斗，攻无不克，战无不胜。

打工特战队，以质量为战旗，以质量为号召，以质量为信仰，以质量打天下。

我们承担着质量责任，我们要为中国制造增光添彩。

不管做什么工作，我们都严守工艺纪律，严格按规程进行操作，确保我们生产的每一件产品都完全合格。

不管遇到什么情况，我们都要坚决把住质量关，绝不让一件不合格产品往下流，更不让一件不合格产品流出厂。

有了质量问题，我们会分析现状，查找原因，制定和实施纠正措施，努力加以解决，不断进行改进。

我相信，我们有这样的质量意识，不会有老板不喜欢我们。

我相信，我们有这样的工作质量，一定能够增加我们的收入。

我相信，我们有这样的质量经历，一定能够丰富我们的经历。

我相信，我们有这样的质量成效，一定能够光耀我们的人生。

如果你也是屌丝，你也是“矮穷挫”，你也是“杀马特”，请加入我们的打工特战队吧！

加入打工特战队,我们就可能摆脱"矮穷挫"的命运。虽然"矮"是天生的摆脱不了,但可能摆脱"穷";"穷"如果也摆脱不了,至少也可以少一些"挫"。

东风吹,战鼓擂,
我是打工特战队。
车间里面摆战场,
生产线上显神威。

守纪律,讲效率,
一次成功都做对。
确保产品全合格,
我是打工特战队!

让我们高扬起我们的质量大旗!
让我们的质量大旗为十三亿人的中国梦增添一分亮色!

知识篇

不管是在机床旁还是在装配线上，不管是加工服装还是制造手机，我们都是打工者，我们都是生产者，全靠我们的辛勤劳动，企业才能源源不断地流出产品来。

产品就是能够提供给市场，能够被人们使用和消费，并能够满足人们某种需求和欲望的东西。

不管什么产品都有一个质量问题。

那么，质量是什么东东？质量是怎样形成的？质量受哪些要素的影响？为什么要进行质量管理？我们在质量管理体系中占有什么地位？……

既然我们是打工特战队，就要多少知道一些有关质量的知识。

1 质量是什么东东?

1.1 质量不是一种“东西”

每天我们走进工厂,走进车间,就能看到墙上挂着的诸如“质量第一、顾客至上”“质量是企业的生命”之类标语。不管是老板还是管理人员,一旦讲话,总离不开“质量”二字。打开电视,翻开报纸,诸如“质量不合格”“走质量发展的路”之类的话就会响在我们耳边,出现在我们眼前。

“Quality is the most important production(本店最重要的产品是质量)”。美国纽约市郊一家食品专卖点门前曾经悬挂过这样一幅招贴广告。

质量真的能够出售么?谁见过质量?质量是什么东西?

质量不是一种东西,不是产品本身,而是产品与要求有关的固有特性。

特性是可区分的特征。

没有质量特性,产品也就不能存在,或者就不能叫做产品。例如馒头,要能够提供热能,对人要有营养,要让人感到可口,否则就不叫做馒头。用特殊的大理石做一个馒头样儿的东西,虽然也可以叫“馒头石”,但那不是我们要吃的馒头。

馒头还不能含有对人体有害的物质,还不能被污染,也不能腐烂变质,也就是说,还要有安全性。热能、营养、可口、安全这些馒头本身应当具有的特性,就是馒头的质量特性,或者说就是馒头的质量。但是,热能、营养、可口、安全这些特性并不等于馒头。具有这些质量特性的还有面

包、蛋糕以及其他所有的食品。而且,热能、营养、可口、安全这些特性也不可能离开具体的产品而单独存在。你不可能吃热能,不可能吃营养,也不可能吃可口,更不能把安全吃到肚皮里去。

1.2 质量特性和质量特性值

不同的产品,有不同的质量特性。

例如,硬件产品有性能、寿命、可靠性、安全性、经济性、可维护性、时效性、美观性、创造性等质量特性。

再如,服务产品有人员、环境、准时性、可信性、礼貌、舒适等质量特性。

而某种产品究竟有哪些质量特性,需要具体分析。例如,火柴属于硬件产品,就可能没有可维护性、时效性之类的质量特性。

具体到某种产品,不同的质量特性可能会采用不同的质量特性值来表现,同一质量特性也可能会采用多种质量特性值来表现。

例如,要把馒头的安全性具体化,就要检测其是否含有非法添加剂、有害细菌是否超标、是否含有杂质、存放时间是否过长等。而这些具体的质量特性又可能是由很多更加具体的质量特性值来确定的。例如,非法添加剂就有诸如染色剂、甜味剂之类(而这些添加剂又可能有很多种);有害细菌有大肠杆菌、金黄色葡萄球菌、黄曲霉菌、青霉菌、破伤风杆菌、痢疾杆菌、结核杆菌等,这些具体的质量特性值往往可以通过检测得到一个具体结果。把检测得到的具体结果与产品标准规定的对比,就能让我们知道产品的质量状况,判定其是否合格,是否优质。

1.3 决定质量的水桶板块

质量特性的优劣,决定了产品质量的高低。但任何一件产品,都有很多的质量特性,也有很多的质量特性值。某一项质量特性或质量特性值虽然很好,却不能说这件产品的质量就很好。

一只水桶盛水的多少，并不取决于桶壁上最高的那块木块，而恰恰取决于桶壁上最短的那块。这就是所谓的“水桶理论”。

在质量问题上，“水桶理论”完全适用。也就是说，一件产品的质量水平，往往是由它的所有质量特性或所有质量特性值中最差的那个质量特性或质量特性值来决定的。例如，馒头虽然很有热能、很有营养，也很可口，但却受到污染，大肠杆菌严重超标，这个馒头的质量还能说好么？你还愿意吃么？

当然，对某些产品来说，由于其质量特性或质量特性值特别多，不同的质量特性或质量特性值对产品使用的重要性也可能有所不同。在这种情况下，那些重要性较低的质量特性或质量特性值更不能决定产品质量了。

20 世纪 80 年代，韩国出口到日本的袜子，既牢实又美观，却只能摆在地摊上廉价卖，而且问津者甚少。韩国商人感到不可思议，就去日本调查。日本人说：“你们那袜子上的标签为什么不贴正呢？连小小的标签都贴不正，怎么能让人相信你们的袜子质量好呢？”

这个故事说明，质量没有小事。即使是标签这个很不重要的质量特性值，往往也反映了产品的整体质量水平。

作为打工特战队，我们要对质量问题“零容忍”，确保所有的质量特性或质量特性值都合格。

1.4 怎样区分质量优劣

质量与大小、多少、上下、高低、好坏一样，是一个表示程度的词，表示的是产品的优劣程度。那么，怎样来区分优劣呢？

没有参照物，就说不清大小、多少、上下、高低、好坏。同样，要区分质量的优劣，就要有一定的参照系。不同的人或同样一个人在不同的场合，用来评价质量优劣的参照系是不同的，甚至出发点也是不同的。有人说，质量就是耐穿耐用；有人说，质量就是没有问题不出故障；有人说，质量就是名牌；也有人说，不同的产品有不同的质量要求，是个说不清楚的定义。

其实,一个多世纪以来,已经有不少质量专家给质量下过定义。有人把质量看作是符合标准,因而提出了符合性的质量定义;有人把质量看作是适合使用,因而提出了适用性的质量定义;也有人把质量看作是顾客满意,因而提出了顾客满意的质量定义。ISO 9000 大概是综合了这些定义后,给出了这样的质量定义:"一组固有特性满足要求的程度",而"要求"是"明示的、通常隐含的或必须履行的需求或期望"。这样的定义太专业了,让管理人员和技术人员去琢磨吧,我们可以不去管他。

按照法律规定,产品必须合格。《中华人民共和国产品质量法》规定:产品质量应当符合"(一)不存在危及人身、财产安全的不合理的危险,有保障人体健康和人身、财产安全的国家标准、行业标准的,应当符合该标准;(二)具备产品应当具备的使用性能,但是,对产品存在使用性能的瑕疵作出说明的除外;(三)符合在产品或者其包装上注明采用的产品标准,符合以产品说明、实物样品等方式表明的质量状况。"这是法律意义上的合格。

不过,法律意义上的合格,是对产品质量的起码要求或最低要求。因此,还要有其他区分质量优劣的参照系。

1.5 质量是一个经济问题

作为顾客,我们去商店买商品(就是用来交换的产品),是为了用商品来满足我们的需要,包括满足我们的生理需要和心理需要。如果买来的商品不能或者不能很好地满足需要,或者在满足需要的过程中花费了过多的钱、时间和劳动(例如,搬运、安装、操作、修理、丢弃),我们觉得不划算,就会觉得商品的质量不好。用式(1-1)来表示:

$$Q = S - C \qquad (1-1)$$

式中:Q 是顾客所获得的效益,由于是质量提供的,称之为质量效益;S 是使用产品所获得的全部收益,包括心理上的满足感等;C 是使用产品所支付的购买费用、使用费用以及其他损失费用,包括心理上的失落感等。

显然,只有 Q 是正值,或者说只有 $S > C$,我们才划算。Q 的值越大,产品质量才越高、越好、越优。

但是,由于 Q、S、C 都有相当多的心理评价成分,每个人的心理感受不同,在确定它们的数值时,在计算过程中也就可能出现差异。

对于企业来说,这个公式也同样适用。实际上,S 是企业的销售收入,C 是企业的成本和税金,而 Q 是企业的利润。这个公式也适用于社会,适用于政府。在现代社会,生产和使用任何一种产品,都要涉及社会及其管理机构(政府),例如使用汽车,必然消耗能源、挤占道路、造成污染,但又可以给社会增加税收、带来繁荣。只有后者大于前者,社会才会允许人们使用汽车。

因此,质量问题往往可以归结为一个经济问题。

2 质量是怎么形成的?

2.1 产品质量的形成过程

我们说过,质量不是一种“东西”,而是依附于产品的与要求有关的特性。世上绝对没有不存在质量特性的产品,即使是报废了的产品也有它相应的质量或质量特性,只是它的质量或质量特性是不合格的。当然,世上也绝对没有离开了质量或质量特性独立存在的产品。

因此,我们说到质量就是指产品质量;说到产品,就包含着对产品的质量要求。

由此可知,产品质量的形成过程也就是产品的形成过程。产品形成了,质量也就跟着形成了。没有过程就没有产品,因此 ISO 9000 把产品定义为“过程的结果”。

所谓过程,按 ISO 9000 的说法,就是“将输入转化为输出的相互关联或相互作用的一组活动”。

所谓活动,当然是人的活动,也就是人的工作。于是我们说,产品就是我们的劳动成果。

有人会说,那大海里的鱼、地下的矿藏是什么“过程的结果”? 是什么劳动成果? 其实,大海里的鱼、地下的矿藏之类,如果人不去打捞、不去开采,不通过人的“活动”,没有一个过程,也就不是产品,仅仅只是一种资源。

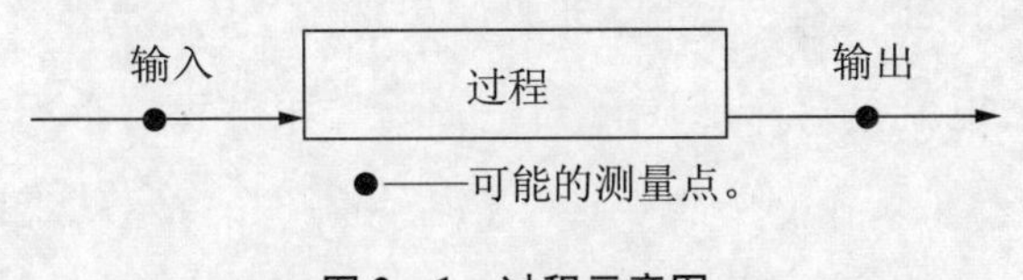

图 2 –1　过程示意图

从图 2 –1 看,过程需要输入。对产品质量形成的过程来说,输入的是材料,包括原料、零件、部件、在制品、半成品等。输出的是产品。只有输出的产品价值大于输入的原材料价值,这个过程才是成功的。

因此,过程也有一个质量问题。

产品既然是"过程的结果",那么过程质量如何,往往决定了产品质量。要研究产品质量问题,就不能不研究过程质量。

过程有大有小,既可以把整个企业的生产经营看作是一个过程,又可以把这个过程分解为诸如设计、采购、加工、检验、销售等若干个具体的过程,还可以分解成不同车间、不同班组的过程,一直可以分解到每个员工每个具体的操作动作。但不管是大过程还是小过程,过程的根本性质却是不变的。

一般情况下,我们所说的过程都是指产品质量的形成过程。

2.2　决定过程质量的 4M1E 要素

产品质量是在过程中形成的。过程质量高,产品质量就好;过程质量差,产品质量就会出问题。

决定过程质量的,有所谓的五大要素,也就是人(Man)、机(Machine)、料(Material)、法(Method)、环(Enviroments),称为 4M1E。

一是人(Man)。过程是"一组活动",任何活动都需要有人参与。在产品质量的形成过程中,人是最重要的因素。即使全自动化的过程,也需要人去操纵。无人机够厉害了吧?但无人机要往哪儿飞,要执行什么任务,遇到什么情况可以进行攻击等,都需要人预先设计好。也就是说,无人机其实也是人在操纵的,只不过是预先操纵。显然,人的意识,人的能

力，人的生理和心理状态，对过程都要产生影响，也就是对产品质量形成产生影响，当然也就是对产品质量产生影响。如果我们心不在焉，过程肯定就难以控制。如果我们不想生产合格产品，产品肯定就难以合格。

二是机（Machine），也就是设备。我们要工作，就要有相应的设备。设备可能有大有小，有多有少，有复杂有简单，但哪怕是扫地这样最简单的工作，也需要扫帚、簸箕之类工具（工具也是设备的一种）。生产过程中的电力、能源之类，也可以归到设备中来。很明显，如果设备有问题，有故障，肯定会影响产品质量的形成，甚至会停工停产，什么也做不了。越是复杂的产品，越需要复杂的设备。随着科学技术的发展，设备的重要性日益突显，有时候甚至可以直接决定产品质量。

三是料（Material），也就是原材料。我们要生产产品，就要有原材料，包括原料、材料、零件、部件、在制品、半成品等。原材料质量不好，达不到规定的要求，或者说原材料不合格，肯定会影响产品质量的形成。如果不合格的情况不太严重，可以通过我们的工作，把影响降到最低限度，甚至可以把不合格变成合格，但那需要我们付出更多的劳动，肯定会影响工作效率和工作质量。

四是法（Method），也就是方法和工艺。一件事怎么做，用什么去做，先做什么，后做什么，做的中间要注意什么，有什么诀窍，这就是方法，也就是工艺。对打工者来说，所谓的技术，所谓技能，就是你掌握了这样的工艺。方法不对，技术水平不高，技能差，你就做不好。另一方面，如果技术人员没有把方法规定好，制定的工艺有问题，或者相关的设备、环境、原材料之类不能满足工艺规定的要求，产品质量肯定就得不到保证。

五是环（Enviroment），也就是环境条件。你在一个窝棚里加工食品，蚊蝇成群，臭气熏天，能保证产品质量么？你所在的仪器车间没有封闭，厂房外的公路上尘土飞扬，不时吹进灰尘来，能保证产品质量么？你所在的车间，或者阴暗，或者潮湿，或者高温，或者太冷，或者噪声太大，不仅可能影响你的生理心理，甚至可能直接影响设备的正常运行，影响原材料的物理化学变化，能保证质量么？

在一些特殊岗位上，影响产品加工质量的，除了4M1E，可能还包括一个“检”字，也就是检验或检测。其实，如果把检验或检测也看作是一个过程，那么这样的过程也需要人、机、料、法、环4M1E要素。因此，我们就不把这个“检”字列进来了。

2.3 质量问题产生的原因

影响产品质量有五大要素。但是，产品一旦出了质量问题，那些管理人员、技术人员往往就拿打工者是问，这肯定不合理。

面对产品质量问题，不要慌，一定要冷静下来认真检查，认真分析：一要分析是哪里出了问题；二要分析是什么样的问题；三要分析问题的严重程度；四要分析问题产生的原因。影响产品质量的五大要素都可能引发质量问题，不要动不动就责怪自己，扫自己的威风，打击自己的士气。

除了操作失误，质量问题的产生，大多是设备、原材料、方法、环境这些要素中的某一个地方或某几个地方出了问题。当然，设备、原材料、方法、环境需要我们去进行控制，也就是说，操作之前，要对这些影响产品质量的要素进行检查，进行调试。这些要素出了问题，我们也有责任。但是，在分析质量问题时，应当实事求是，是什么就是什么，不能一股脑儿都揽在自己头上。

而且，按照质量管理大师朱兰博士的说法，在全部质量问题中，有80%是由于管理人员的原因造成的，只有20%是由员工自身原因造成的。这就是质量管理中著名的“8020原则”。

也就是说，即使是我们的责任，往往也是管理人员没有管理好，或者是没有相应的规范、规章制度和工艺纪律，或者是没有对我们进行培训、没有给我们讲清楚，或者是没有控制好提供的设备、原材料、方法、环境，或者还有其他原因。

因此，产品质量出问题，不能仅仅只责怪我们。

3 用什么来保证质量?

3.1 工作质量是产品质量的保证

我们是打工者,我们每天都要走进厂房,走进车间,都要工作。

工作就是做事,就是劳动,就是生产,就是长时间地去做重复的一系列动作。

工作是人的一种活动或劳动。即使诸如"挖掘机正在工作"之类的话,也隐含着潜台词,也就是说挖掘机这样的机器或工具是受人操纵的,并且是为人确定的目的而"工作"的,实际上还是说人在工作。

通过我们的工作,原材料才能变成产品,在制品才能变成成品,零件部件才能变成整机。所以说,工作是做能够创造价值的事,工作的价值就是创造价值。通过工作,我们创造了价值,才能获得工资。

产品、成品、整机之类有没有价值,或者说其价值是不是高于原材料、在制品、零件部件之类的价值,决定因素就是质量。用公式 $Q = S - C$ 来说,也就是 Q 必须是正值,或者说,S 必须大于 C。否则,老板是不会满意的。

如果工作中不小心,将原材料浪费了,将在制品报废了,做出来的产品不合格,我们就没有创造价值,反而损害了原来的价值。这样的工作就是做了无用功,老板肯定不会容忍,至少不会长期容忍。老板可能扣我们的工资或奖金,甚至可能打破我们的饭碗,炒我们的鱿鱼。

于是,我们的工作也就有一个质量问题。所谓工作质量,就是人的活动或劳动对产品质量的保证程度。

产品是“过程的结果”,我们的工作是过程4M1E要素中最重要的要素。甚至可以说,产品质量的形成过程,其实就是我们的工作过程。虽然不能说过程质量就是工作质量,但过程质量实际上隐含了对工作质量的要求,工作质量是过程质量最重要的并且是不可或缺的因素。

要保证产品质量,就要求我们的工作质量达到一定的水平。

3.2 质量标兵也可能出质量事故

老苏是厂里的质量标兵,他加工的某零件结构特别复杂,但从来没有出过大的差错。那一天,他自己也不知怎么搞的,在铣一个支耳时计算错误,将支耳多铣去了3mm,造成报废,损失上万元。全车间议论纷纷。有人说:“还是质量标兵呢,还不是和我一样,也要报废!”老苏感到很委屈,忍不住嘀咕:“标兵也是人,就不出错呀?”有人就指责老苏态度不端正。

其实,老苏的话并没有错。

我们说过,产品质量形成过程中起决定性作用的是人,是人的劳动,是人的行为,也就是我们的工作。而人的劳动、人的行为总是直接受着人的神经系统的控制。以老苏加工这个零件为例,加工前他必须“看”图纸,“看”原材料,要根据图纸进行“思维”,计算有关的尺寸,“想象”已经加工出来的产品形状,然后他要开动机床,进行操作,这就要求他必须有一定的“能力”,而且要高度“注意”。他要坚持到产品的完全形成(也包括产品质量的完全形成),就要有一定的“意志”。作为人,他必然有一定的“意识”“态度”“感情”,还会有一定的“喜”“怒”“哀”“乐”等。上述的“看”“思维”“想象”“能力”“注意”“意志”“意识”“态度”“感情”“喜”“怒”“哀”“乐”等,都是心理现象或心理过程。这些心理现象或心理过程总是或多或少、或大或小、或直接或间接地影响着老苏的加工效率和加工质量,也就是或多或少、或大或小、或直接或间接地影响着产品的质量。

人有失足,马有漏蹄。人非圣贤,孰能无过?在这一连串的心理过程中,一旦某个环节或某个时候出了问题,就可能影响老苏的工作质量,从而引发质量问题。原来,老苏就是因为“看”图纸时“注意”不够,“看”错

了尺寸，结果造成报废。

所以说，工作质量达不到规定的要求，产品质量就难免不出问题。

3.3 工作中的三种差错

产品质量出问题，从主观上来说，就是工作质量出了问题。

工作质量问题也就是工作差错。

质量管理大师朱兰博士把工作差错分为三种：一是无意差错；二是技术性差错；三是有意差错。

无意差错就是没有意识到的差错，在人的意识层里没有反映或印象。无意差错的明显特点，一不是故意的，我们并不想出现差错；二是不知不觉的，在出现差错时，我们往往并不知道自己已经出了差错；三是不可预测的，没有人事先知道会在什么时候、什么地方出差错，将出现什么差错，连我们自己也不能预测。无意差错往往是因为我们的生理心理出了问题，例如生病、伤痛、粗心、紧张、疲劳、情绪波动之类造成的。

技术性差错就是技术方面的原因造成的，一是由于设备、工艺（方法）、原材料等纯技术原因造成的；二是由于我们的质量能力达不到要求造成的。如果发现设备、工艺（方法）、原材料有问题，就要找管理人员或技术人员来解决。解决不了，责任不在我们。如果我们没去检查，那就是我们的一种有意差错了；如果检查了却没有发现，那是我们的质量能力不够造成的。因为质量能力造成的差错，一般呈现出三个明显特点：一是我们往往能够意识到差错的原因；二是差错长期存在，难以解决；三是更换人员后，差错可能消除，也可能发生变化。

有意差错是明知正在发生但却打算让其继续下去的差错。有意差错的明显特点，一是可以意识到的，也就是说，在出现差错的时候，可能已经知道自己出了差错；二是故意的，也就是说，差错可能是蓄意制造的；三是一贯的，也就是说，如果要制造有意差错，通常都是一贯出差错的，具有连续性的特点，差错不一定局限于某一具体类型，很可能表现为多种类型。如果老板或管理人员对我们太刻薄，引起我们强烈不满，就可能用有意差错来进行报复。这种情况当然很少,大多数有意差错都是明知有工艺纪律,有相关规定,却因为想节省一点劳动,或者嫌麻烦,或者自以为不会出问题,甚至想偷奸取猾而不遵守,结果造成差错。

3.4 提高工作质量的措施

不管说什么话,做什么事,都是受心理支配的。心里有了想法,你才会说出来,才会做出来。当然,心里的想法有很多是你自己也没有感觉到的,于是就有冲口而出,就有下意识动作,甚至有无意识行为。但没有感觉到并不等于没有心理活动,下意识和无意识也是心理活动。工作是一件有目的性的活动或劳动,更要受我们的心理支配。

我们来看这张图:

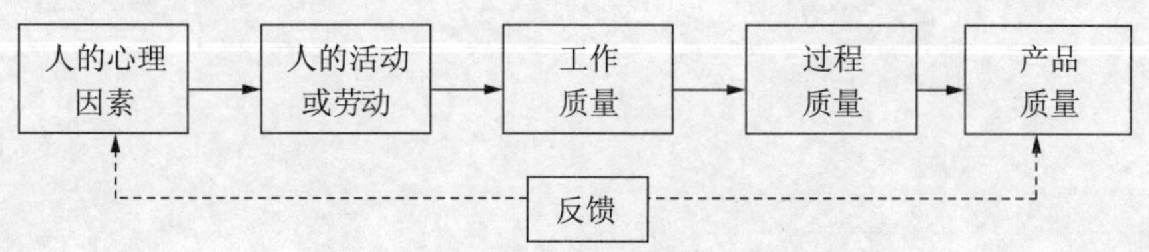

图 3-1 心理因素与产品质量的关系

从图 3-1 中可以看到,我们的心理因素通过支配我们的活动或劳动,影响我们的工作质量,从而影响过程质量,最后影响产品质量。

所谓心理因素,就是与人心理有关的因素。对个人来说,影响工作质量的心理因素主要有三种:一是质量意识;二是质量能力;三是心理状态。

一般来说,简单劳动,例如在装配线上操作,一个工位往往只需要装配一两颗螺钉,可能对心理因素的要求不高。而在复杂劳动中,心理因素的作用往往很重要,对质量意识、质量能力、心理状态的要求往往很高。

但不管怎么说,我们一旦进入企业,拿了老板的钱,只有听从企业的。也就是说,只有让心理因素适合企业的需要,让心理因素能够保证我们的工作质量符合要求,才能够生产合格的产品。

对于我们打工特战队来说,为了高扬我们的质量大旗,就要改进我们

的心理因素，增强我们的质量意识，提高我们的质量能力，控制好我们的心理状态，更好地保证我们的工作质量，确保一丝不苟地完成我们的质量目标。

4 我的质量意识

4.1 质量意识的构成和作用

除了那些我们完全不能把握的设备、工艺（方法）、原材料引起的技术性差错之外，不管是哪种差错，都与我们的质量意识有关。

质量意识是左右我们质量行为的指导思想，是决定我们愿意还是不愿意做好工作、愿意还是不愿意把产品质量做合格的一种心理因素。

我们的言行，都是受意识支配的。我们的工作行为，特别是工作中对质量的控制行为，就是受质量意识控制的。质量意识强，我们的行为就会按规定的质量要求去做，以保证工作质量符合要求，从而保证产品质量合格。相反，如果我们的质量意识不强，我们就不会把质量放在心上，产品质量也就没有保障。

质量意识包括我们对质量的认知、对质量的信念和相关的质量知识，其中最重要的是对质量的信念。

作为打工者，对质量的认知，就是对我们工作对象也就是产品质量的认知和了解，也就是对我们加工的产品质量有哪些要求的认知和了解。如果我们连要求也不知道，又怎么去控制？怎么去保证呢？

对质量的认知解决的是"什么是质量"的问题，而对质量的信念是解决"质量应当怎样"的问题。质量信念可以使人形成一种意志，也就是在具体的工作中，能够左右我们去完成相应的质量要求。质量信念还可能左右我们对质量的情感，使我们对产品质量和质量工作形成热爱的感情。

质量信念是我们控制自己质量行为的关键因素。工作开始前，质量

信念可以使我们确定工作的质量目标；工作进行中，可以使我们充分发挥自己对质量认知的作用，随时调整自己的操作，从而保证操作符合质量要求；工作结束后，可以使我们通过检查和测量，对工作及工作结果的质量进行评估，以确定是否达到规定要求。当质量没有达到规定要求时，质量信念可以使我们去进行必要的返修或改进，确保达到规定的质量要求，并且还可以使我们总结经验教训，防止下次出现不合格。

最重要的是，当质量与其他目标发生矛盾和冲突时，在质量遇到冲击出现波动的情况下，例如，管理人员为了赶进度要我们放弃质量，质量信念可以起到协调、控制和改变行为方式的作用，使矛盾和冲突得以合理解决。如果我们的质量信念很坚定，就可能加以抵制，不会因为出现干扰而动摇或改变我们既定的质量行为。

4.2 质量意识与工作差错

可以说，所有的工作差错都与质量意识有关。

有意差错肯定与我们的质量意识差相关。一般情况下，正是质量意识差，我们才马里马虎，才违反工艺纪律，该检查的不检查，该做的不去做，甚至故意做错。要消除有意差错，就要提高我们的质量意识。质量意识提高了，即使我们要对老板、对管理人员发泄不满，要出有意差错，也会尽量避免对产品质量造成严重危害。毕竟，产品不是老板和管理人员使用的，而是卖给顾客，由顾客使用的。顾客并不是我们不满的对象，我们何必要让顾客来承担损失呢？

无意差错看起来与质量意识无关，但粗心大意也好，情绪波动也好，都与自我控制状况有关。质量意识强，我们会在生理心理条件不好的情况下增大控制力度，例如，采取多检查的方法，以减轻生理心理波动对工作质量的影响，从而保证产品质量不出问题。没有绷紧质量这根弦，不把质量放在心上，无意差错可能就更多更严重。更不用说，明明应当检查的不去检查，虽然好像是无意，其实还是多多少少带有某种有意的。

如果我们经常出技术性差错，那说明我们的质量能力不够。如果我们的质量意识很强,知道自己的质量能力不够,肯定就要加强学习和练习,努力提高技能,提高质量能力。如果明知质量能力不够,却不愿意去学习和练习,让技术性差错长期存在下去,那只能说明我们的质量意识还有欠缺。

因此,要防止工作差错,要提高工作质量,最根本的一条就是提高我们的质量意识。

4.3 提高我们的质量意识

那么,质量意识是从哪儿来的呢?

质量意识不是天生的,而是外界通过各种形式对我们的自我进行灌输的产物。

从我们生下来开始,就要接触各种各样的产品,例如,衣物、牛奶等。这样的接触实际上也就是使用,各种各样产品的诸多质量特性就会在我们使用的过程中产生相应的感觉,例如,衣物不柔软就会让我们感觉不舒服。随着我们逐渐长大,类似的质量问题几乎天天都要让我们感受,甚至天天都让我们产生困惑。于是,我们逐渐有了对质量的认识。

我们进入企业,企业要对我们进行质量教育。这种教育不仅仅是上课培训,更重要的是日常工作中管理人员和同事对我们的潜移默化,是企业在处理具体质量问题时所采取的态度,当然也包括了企业的质量责任制、质量奖罚和其他质量活动。

研究表明:一种想法重复 21 天,或者重复验证 21 次,也会变成习惯性想法。如果我们把质量作为工作的第一要求或第一标准,长期坚持,就能牢固树立起质量意识,甚至成为我们的一种信念。

既然我们是“质量一根筋”,既然我们要做打工特战队,就要自觉地接受质量教育,自觉提高自己的质量意识。

生活中如果买到假冒伪劣产品,我们应当气愤,并将其作为对自己进行质量教育的反面教材,从而增强我们的质量意识。

工作中如果遇到质量问题,我们要分析原因,找出解决的办法,进行

质量改进,这样就可以从中获得更多的质量知识,增强我们对质量的信念。

可以说,任何一个企业都不敢把质量当作对立面,都不敢不讲质量。那些生产假冒伪劣产品的企业,像已经破产倒台了的三鹿奶粉,那厂房的墙上往往也写得有诸如"质量第一"之类的标语。这好像是一个笑话,其实不是。他们不是说一套做一套,就是只要求打工者讲质量,而老板却不讲质量。在这样的企业,我们接受的质量教育往往是负面的。如果遇到这样的企业,不如一走了之!

4.4 建立我们的质量道德

我们是人,我们都应当有一定的道德。连基本的为人道德都没有,就不成其为人。

在日常生活和工作中,质量意识为我们评价涉及质量的各种现象,调整涉及质量的各种行为提供了相应的规范。符合规范的现象和行为自然能够得到我们的认同、赞赏和实施,不符合规范的现象和行为肯定会受到我们的反对、鄙视、制止或中止。这种源于质量意识的规范,实际上就是我们遵循的质量道德。

质量意识的核心,实际上就是质量道德。质量道德是调节我们质量行为的准则。

质量道德对质量行为的控制表现为两种形式:

一是在正常情况下,质量道德的控制作用呈现出隐蔽的形态,我们似乎没有意识到质量问题。但是,质量道德又像暗中守卫的哨兵,监视着我们的质量行为。如果我们的质量行为出现越轨迹象,质量道德就会立即发挥提醒、警觉的作用,使我们迅速纠正。

二是内外环境有了变化,例如发现质量问题,某种事件冲击了质量,我们的情绪发生大的波动,在这些非正常情况下,我们很容易产生冲击质量的动机,甚至把动机变为具体行为。质量道德为了防止这种破坏质量的行为,就会迅速出来加以制止。于是,我们心中就可能发生质量道德与冲击质量动机的争执(思想斗争)。这种思想斗争可能是隐蔽的,也可能是公开的,可能很微不足道,也可能相当激烈。通过争执,质量道德就可能消除或减弱冲击质量的动机,从而确保不出大的质量问题。

质量意识只有通过质量道德的这种控制机制,才能真正起到作用。

我们要通过提高质量意识,把质量要求内化为我们的质量道德。这样,质量道德就成为自己对自己的要求,成为一种内化的控制机制,控制能力更强,效果更明显,于是也就可以减少工作差错,确保我们的工作质量。

5 我的质量能力

5.1 质量能力的四大要素

同样一个工作,为什么一些人做起来很顺手,结果也很好,另一些人做起来却很吃力,结果反而很差?这当然和人的能力相关。

质量能力是保证工作顺利达到一定质量水平的能力,是解决能不能够做好或有没有能力做好的一种心理因素。

不同的工作需要的质量能力可能有所不同,但大致包括四大要素:

一是生理能力。例如,身强体壮的人才能当搬运工,视力良好的人才能当驾驶员,聋哑人就不适合去当导游或者解说员了。

二是心理能力。任何工作都需要观察、记忆、注意、思维、想象,也就需要相应的观察能力、记忆能力、注意能力、思维能力、想象能力,这些能力对工作质量是相当重要的。

三是知识。一旦掌握了某种知识,不仅能够大大增强与这种知识相关的能力,而且知识可以通过指导我们的工作目标、工作方向、工作过程,从而直接体现为我们的能力。

四是经验。不管是成功的经验还是失败的经验,都是通过我们的经历获得的。经验通过对工作进行指导、控制、矫正,从而体现为能力。因此,要尽可能增加自己的经历,通过总结,把经历内化为经验。

这四大因素并不是彼此独立的,而是相互补充又相互促进的,并且总是综合在一起,通过我们的工作过程和结果表现出来。质量能力受外界的或自己的某种因素的影响,可能在某种情况下能够得到充分发挥,也可能大失水准，但总是围绕一定的水平上下波动，呈现出“八九不离十”的状况。

5.2 两只翅膀：质量能力与质量意识

工作质量总的倾向，主要取决于我们的质量意识和质量能力。

用式(5－1)表示：

$$\text{工作质量} = f(\text{质量意识} \times \text{质量能力}) \qquad (5-1)$$

显然，要想把工作做好，要想提高工作的质量水平，光有良好的质量意识是不行的，还必须有相应的质量能力。质量能力不高，要保证工作质量很难，甚至是不可能的。当然，质量能力对工作质量的作用，又是与质量意识联系起来的，是在质量意识指导下产生作用的。质量意识好而质量能力不高，可以通过学习和训练来提高质量能力；质量能力高而质量意识不强，也可以通过激发我们表现自己能力的需要来提高质量意识。

质量意识与质量能力相辅相成，是保证工作质量的两只翅膀，缺一不可，它们对工作质量的作用也是不能截然分开的。

5.3 操作所需要的能力

我们可能从事着不同的工作，在产品质量形成过程中的角色和地位也可能各不相同，因此不能确定一个统一的质量能力所包含的内容。但是，作为打工者，我们中的绝大多数所做的工作都是操作，就连技术人员画图纸、清洁工做清洁都可以叫操作，因而操作能力是最主要的质量能力。

不同的工作所需要的操作能力可能不同，有主要用手的，有主要用脚的，也有手脚并用的。虽然如此，对各种不同的操作还是可以进行综合分析，从而得出一般操作能力的概念。

不管是哪种操作，都要求动作协调、迅速、准确，有的还要求细腻、优美。动物的小脑是负责动作协调的“指挥部”。把狗的小脑切除，其动作就会出现严重的不协调，连行走也会表现出令人可笑的滑稽来。小脑状况往往影响动作的协调和准确，也影响动作的迅速、细腻和优美，也就是

说影响着操作能力的高低强弱。

动作往往与人的性格相关。理智型的人冷静、善思，自控能力强，其操作动作的准确性就较高，而其迅速性就可能比不上情绪型的人。情绪型的人热情、易冲动，操作动作往往受情绪的影响，表现出忽高忽低、忽好忽坏的不平衡态。开朗活泼的人动作往往优美，沉着冷静的人动作往往细腻。但是，人的性格又是可以改变的。通以学习和锻炼，即使性格不利于某项操作的人，也可以提高该项操作的水平。

当然，操作中还需要注意，把感觉、知觉和人的思维的焦点集中在操作上，集中在加工的产品上，也就需要有一定的注意能力。操作中还需要观察，一旦操作或加工的产品出现异常，要能够及时感知，及时处理，这就需要一定的观察能力。

5.4 提高质量能力

质量能力的形成，当然需要一定的生理条件，有先天的因素，但更需要我们通过接受教育、增加经验来培养、来提高。我们在工作中不断实践，不断总结经验，不断改变那些不利于质量的心理因素，不断适应工作的要求，我们的质量能力就能够得到不断的提高。

能力要得到发展，必须通过自身的积极活动。要提高质量能力，还要发挥主观能动性。兴趣是最好的老师，爱好是最好的学习。对工作具有强烈而稳定的兴趣和爱好，常常标志着对该项工作的质量能力的发展水平。即使我们有某种生理或心理缺陷，只要热爱本职工作，努力学习，勇于实践，也可以发展自己的质量能力，甚至可以超过那些没有缺陷的人，成为该项工作的行家里手。

我们走进打工特战队，来接受这样的质量培训，不仅可以提高我们的质量意识，而且也可以提高我们的质量能力。掌握了打工特战队的战法、技法，就能大大提高我们的质量能力。质量能力强，不仅可以确保产品质量，而且可以减轻工作强度，让我们在工作中得心应手，应付自如。培训就是磨刀，磨刀不误砍柴工，对我们肯定是大有好处的。

6 我的心理状态

6.1 保持良好的心理状态

人非草木,孰能无情?“人逢喜事精神爽”,如果获取成功或遇到喜事,我们的就会思想活跃、记忆清晰、心情开朗、做事敏捷果断,表现出一种精神上的振奋、愉悦的心理状态。相反,遭受挫折后,在一段时间内,我们往往就会沉默不语、抑郁寡欢、思想迟顿、智力定向下降、注意不稳定,表现出一种沮丧、消沉的心理状态。

心理状态就是我们在一定时间内心理活动的综合表现。

显然,心理状态是影响工作质量的重要因素。心理状态处在良好水平,工作质量就会大大提高;相反,心理状态不好,或沮丧,或过于兴奋,都难免产生工作差错,甚至酿成质量事故。

如果说质量意识和质量能力相对比较稳定的话,那么心理状态的变化频率和变化幅度往往都比较大,对工作质量的影响往往是直接的。特别是那些无意差错,往往都是不良的心理状态引发的。

因此,保持一个良好的心理状态,是保证工作质量的重要环节。

6.2 不断成熟我们的心理

心理状态要受我们的气质和性格等个性心理特征的制约,也要受外界各种刺激的影响。

人的气质和性格,与人的生理素质、性别、年龄、经历、思想品质、道德、情操等情况有关,呈现出千差万别。

要保持一个良好的心理状态，需要我们有一个良好的性格。

作为打工特战队，我们应当开朗活泼、沉着冷静、理智坚定、目标明确，善于独立思考，有较强的自控能力。

如果我们的性格存在某种缺陷，例如过分的心直口快，过分的热情冲动，过分的固执己见或过分的随波逐流，就要想办法改变。性格是可塑的，良好的性格可以凭借教育和训练来培养，不良的性格也可以改变或转化。

虽然我们已经成人，但并不意味着我们的心理已经成熟。只有通过不断的心理锻炼，我们的心理才能不断成熟。

成熟的心理是我们作为打工特战队的一个基本要求。

让我们乐观、开朗，对自己满怀信心，对他人满怀友好，对生活充满希望，对工作充满激情。这样，我们才能在企业里崭露头角，在社会上如鱼得水。

6.3　冷静面对外界刺激

我们总是生活在一定的客观环境之中。客观环境不仅是指物质环境，也包括人文环境；不仅有我们可以意识或已经意识的环境因素，也有我们难以意识或还没有意识到的环境因素。这些环境因素对我们的心理状态也要产生影响。

不说别的，只说车间的灯光、色彩、环境空间、噪声、温度、湿度等，虽然我们可能没有意识到，但也可能引起我们的心理状态发生变化。在100分贝的噪声环境里工作，正常人的心情就可能变得烦躁。在车间墙上乱涂颜色，密密麻麻胡乱张贴，造成“色彩污染”，也会使我们感到烦躁和郁闷。而工作时间的季节、气候、早晚（班）、上下午等，同样要引起我们的心理变化。

因为来源于外界，客观环境对我们的心理产生的刺激，称为外界刺激。

外界刺激有利于心理状态的，是肯定性刺激；不利于心理状态的，是否定性刺激。

增加了工资，获得了表彰奖励，恋爱有了新的进展，想做的某件事情获得成功，肯定会使我们心情愉快、精神焕发，这当然是肯定性刺激了。挨了管理人员一顿骂，被老板罚了款，和老婆吵了架，与同事发生了纠纷，肯定会影响我们的情绪，不是生气就是郁闷，这样的刺激就是否定性的。

外界刺激往往是引起我们心理变化的直接原因或现实原因。

我们要冷静面对外界刺激，要主动接收外界的肯定性刺激，防止外界的否定性刺激对我们心理状态造成的负作用。当外界的否定性刺激已经对我们的心理状态造成影响的时候，就要善于调整自己的心理状态，必要时甚至可以停止工作，以免造成严重后果。

7 我在质量管理体系中的地位

7.1 从 ISO 9000 说起

有人说,质量是企业的生命。既然是生命,企业就不能不管,于是就有了质量管理。

现代质量管理已经经历了以检验为主的质量管理、数理统计质量管理和全面质量管理三大阶段。在总结各国全面质量管理理论和实践的基础上,出现了 ISO 9000。

ISO 9000 是一套关于质量管理的国际标准,从一定程度上反映了全面质量管理的要求,只要是正规的企业,大多都要推行 ISO 9000,都要去申请质量认证。

的确,如果企业认真实施这个标准,建立并有效运行质量管理体系,可以理顺企业的管理特别是质量管理,可以让产品质量获得相当大的保证,可以在市场竞争中获得优势。

作为打工特战队,在获得 ISO 9000 认证的企业打工,感觉肯定要爽得多。这样的企业,毕竟把质量放在了重要位置,毕竟建立起一套质量管理制度,毕竟有专门的机构或人员在管理质量问题,可以为我们“质量一根筋”的抱负提供舞台,可以为我们施展质量的特战能力提供机遇。

当然,在这样的企业里,我们也可以学到更多的质量知识,养成更好的质量习惯,把自己的工作质量控制得更好,从而获得更多的承认和奖励。

不过,如今那么多企业都获得了 ISO 9000 质量认证,难免鱼龙混杂,难免有以假乱真的现象。如果我们了解一些 ISO 9000 知识，就可以识破假象，攻坚克难。

7.2　ISO 9000 的基本要求

一是建立并实施质量管理体系。所谓质量管理体系，就是企业所有涉及质量的机构、人员、设备、资源、技术规范、规章制度等要素，都要按照规定的秩序和内部联系组合起来，为实现企业的质量方针的和质量目标服务。也就是说，企业的质量管理，企业产品质量形成的整个过程，都必须在这个质量管理体系中运作，都必须符合已经制定的规章制度。

质量管理体系的规章制度，就是质量管理体系的文件，包括质量手册、质量管理体系程序以及作业指导书、报告、记录等其他质量文件。一个企业的质量管理体系是否建立，是否正常运行，首先就要看它的这一套文件是否齐备，是否严格执行。

二是控制所有的过程。ISO 9000 是建立在“所有工作都是通过过程来完成的”这样一种认识基础上的，企业的质量管理就是通过对各种过程进行管理来实现的。在建立质量管理体系时，就要结合本企业的具体情况，确定应当有哪些过程，每一个过程需要开展哪些质量活动，应当采取哪些控制措施和控制方法，然后按照这样的规定去进行控制。

三是预防不合格。控制过程的要求体现的是预防为主的思想，其出发点和最终归宿都是预防不合格。企业从识别市场需求到最终满足顾客要求的所有过程，都要按规定的控制方法来进行控制，确保过程质量，防止过程输出的产品(包括各种形式的中间产品)不合格。当发生不合格时，就要查明原因，并针对原因采取措施，防止质量问题再次发生。

四是持续进行质量改进。质量改进包括对产品质量的改进和对工作质量的改进，也包括对整个质量管理体系的改进。对于操作者来说，我们的质量目标是合格的，只要我们生产的产品合格，一般不需要去改进产品质量了。要改进产品质量，那是技术人员的事。我们要改进的重点，是我们的工作，是我们的加工过程。这样的改进，可以减少或减轻我们的劳动

付出,何乐而不为呢?

7.3 我们参与什么

如果说企业的质量管理体系是一部庞大的机器,那么我们打工者只是其中的一个零件,甚至只是其中的一颗螺钉。

虽然我们只是一颗螺钉,但依然相当重要。离了一颗螺钉,机器就可能出现故障。质量管理体系如果没有我们的参与,就难以正常运行,就可能出现缺陷,就难以保证质量。

全员参与是 ISO 9000 提出的八项质量管理原则之一。按照 ISO 9000 的规定,通过在整个企业内宣传质量方针并促进质量目标的实现,增强员工的意识、积极性和参与程度。

增强员工的意识,就是增强我们的质量意识。

增强员工的积极性,就是增强我们对质量控制和质量改进的积极性。

那么,增强员工的参与程度是什么意思呢?我们参与什么呢?

一是认真履行自己的职责。产品质量与每个员工的工作都相关。如果每个员工都能把自己的工作做好,都能确保自己的工作质量达到要求,确保自己加工的产品质量是合格的,实际上就是认真履行了自己的职责,也就为产品质量贡献了自己的力量。

二是进行质量监视监督。影响产品质量的因素是很多的,一个微不足道的小零件、一个似乎可以忽略的质量特性值(例如,零件上的某个尺寸)、一个违反规定程序的小疏忽、一个不符合规定要求的环境条件等,都可能导致产品质量不合格。虽然企业可能有专门的检验人员,但不管有多少检验人员,甚至加上技术人员和管理人员,都不可能完全监视到这些影响质量的因素。只有我们都来进行监视监督,才有可能将质量隐患减少到最低限度。

三是持续改进工作质量。我们持续改进自己的工作质量,不仅能够提升产品质量,而且可以降低消耗、提高效率,对我们自己也是有利的。

四是提供意见和建议。我们天天接触产品,处在过程之中,最容易发现过程的薄弱环节，最容易发现问题。揭露这些薄弱环节和问题，就是意见；提出改进这些薄弱环节、解决存在问题的意见，就是建议。

五是积极参与企业的质量活动。企业开展的质量活动，例如，质量教育活动、质量报告活动、质量宣传活动、质量分析活动、质量评选活动、质量攻关活动、走访顾客（下道工序）活动等，我们都要积极参与。通过这些活动，增长我们的质量知识，提高我们的质量意识。

8 我把压力变动力

8.1 明确质量责任

企业建立质量管理体系，最重要的是落实质量责任制。

几乎所有的企业都制定了责任制，并且附有各种各样的处罚办法，包括质量责任制和质量方面的处罚办法。

质量责任制是约束和刺激质量行为的一个重要因素，实行严格的质量责任制，是提高产品质量的一个基本保证。

质量行为的控制机制如图 8－1 所示。

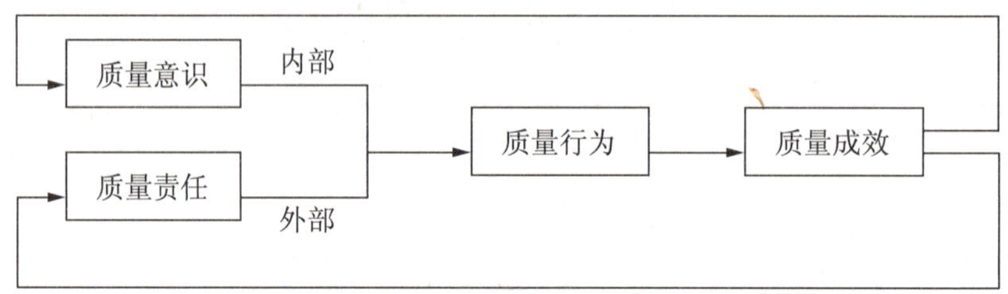

图 8－1 质量行为的控制机制

我们的质量行为就是我们的工作，当然要受我们的质量意识的影响和制约，这种影响和制约是来自我们本身的，是一种心理内部的约束。这种约束当然十分重要。但是，只有来自心理内部的约束，还是很不全面、很不够的，对行为还应当有来自外部的约束，外部约束质量行为的因素就是质量责任。

质量责任是我们在产品质量形成过程中所承担的质量职能，把这种职能用书面形式明确和固定下来，就是质量责任制。制定质量责任制的关键在于明确责任。许多质量问题的产生，往往不是因为技术问题，而是由于质量责任不清产生的。很多时候，一旦明确了责任，出现问题，责任者和原因一查就清，质量问题便会大幅度下降，整改措施也可以更好落实。

企业的质量责任制明确了我们该做什么，该怎么做，明确了如果我们做好了将得到什么，做得不好又将受到怎样的处罚。

对于我们打工特战队来说，我们不怕承担责任，我们最怕就是责任不清。

出了质量问题，由于分不清责任，错误人人有份，明明不是我的责任，却要我负责，让我背黑锅，那才冤枉！如果遇到这种情况，我们就要要求管理人员明确我们的质量责任，丁是丁，卯是卯，说个清楚，弄个明白。

8.2 培养我们的责任心

所谓责任，就是一种带有强制性的义务，其内容包括：一是我们分内应当做的事；二是如果我们没有做好这样的事，可能要受到的处罚或者要承担的不利后果。

我们一旦出生，就有了责任。首先是对自己承担责任，对自己的生命负责，不能随意损伤自己。我们逐渐长大，不仅对自己要承担责任，而且还要对亲人、对他人、对家庭、对集体、对国家、对社会承担责任，做应当做的事，不做违反法律、违反道德、违反相关规定的事。

一个人能否成功，很大程度上看他有没有责任心，愿不愿意、敢不敢于对要做的事负责。有了责任心，勇于主动负责，往往就有了勇气，有了智慧，有了力量。如果没有责任心，即使有再大的能耐，往往也做不出好的成绩来。

一个人的责任心如何，往往决定了他在工作中的态度，决定了他工作质量的好坏。

有了责任心，我们就会去按规定去操作，保质保量去完成任务；有了责任心,我们就会主动去处理可能出现的问题,决不让不合格产品从自己手上往下流转;有了责任心,有没有检验,有没有人监督,我们都能严格遵守工艺纪律,确保自己加工的产品完全合格。

培养责任心,是对打工特战队的一个基本要求。

8.3 承担我们的质量责任

我们说过,产品质量出问题,不一定就是我们造成的。但是,在产品质量形成过程中,作为操作者,我们往往又具有决定性的作用。

不同的过程,对人、机、料、法、环 4M1E 要素的需求可能有所不同。例如机械加工,对人、设备、原材料、方法的要求就相当高,而对环境要求就可能相对较低;对食品加工来说,对原材料、环境的要求相当高,但往往并不需要员工具有专门的技能。有的过程,可能缺失某一个或某几个要素,例如对变电站进行管理,可能就不需要设备,也不需要原材料。但是,不管是什么工作,不管是什么过程,绝对不可能缺失人这个最重要的要素。可以说,人是决定过程质量和产品质量最重要的最根本的要素。

没有我们打工者,企业就不可能生产,就不可能有高质量的产品。

虽然 4M1E 的其他要素对产品质量的形成也很重要,但不管是设备、原材料还是方法、环境,都需要我们去准备,去检查,去控制。设备、原材料、方法、环境出的任何问题,归根结底还是人出的问题。因此,最终的责任还是要落到我们头上。即使是管理人员原因造成的,我们可以躲过处罚,却躲不过返修、返工或重新再做而多花费的劳动。

因此,与其出了质量问题多花费劳动,不如多增加一个心眼,多采取一条措施,多进行一些检查,更严格地进行控制,确保不出质量问题。

不出质量问题,才是最好、最省力、最节约,对我们也才最有利。

8.4 把压力变动力

当然,质量责任也是给我们施加的质量压力。

这种压力是一种心理压力。所谓心理压力，就是心理上的一种紧张状态，是外部事件引发的一种内心体验，并且通过某种心理和生理的反应表现出来的一种心理倾向。

人不能没有压力，没有压力就觉得空虚，就会出现一种让人感觉不到自己还在活着的巨大悲哀，那反而是另一种压力。

出了质量问题，产品不合格，可能要返工返修，我们就要多付出劳动；如果报废，我们就可能被扣工资或奖金；如果质量事故影响大了，企业还可能给予严厉处罚，我们受到的损害就更大。为了避免这种情况，我们只有严格控制加工过程，确保产品质量不出问题。这样，质量压力就变成了质量动力。

我们是人，我们都有自己的自尊，我们对地位、名誉、责任、奖励等也有追求，谁也不愿挨批评、受处罚。质量责任与质量目标挂钩，与质量奖罚挂钩，我们生产的产品质量好，不但可以获得表扬和奖励，而且还能给自己“长脸”，证明自己的能力，让自己感到满足和自豪。这样，质量压力也就变成了质量动力。

质量责任能够激励人的需要，人的需要诱发人的质量动机，质量动机产生质量行为。质量责任这种来自外部的约束，通过人的心理动因，就变成了人的内部心理约束。

质量责任这种来源于外部的压力，能够增强我们的质量意识，激发我们的质量能力，改进我们的心理状态，约束我们的质量行为，让我们更愿意投入积极的质量行为，在工作中更好地发挥自己的潜能，完成工作任务，确保产品质量。

心理学大师马斯洛认为，要使人们努力工作，就必须要有一定的激励，给予一定的报酬。报酬不一定是金钱，最好的报酬是自己的工作成就。

为了自己的工作成就，作为打工特战队，我们肯定愿意把质量压力变为质量动力，主动承担我们的质量责任。

当然，压力太大也不行。如果压力太大，我们实在承受不了，就只好换份工作了。

9 他把他的关我搬我的砖

9.1 检验为我们提供质量保证

全面质量管理和 ISO 9000 都强调预防为主,但并不否认检验。

企业肯定设有检验。我们加工的产品,要经过检验才能确定是否合格,合格了才能向下流转,才能出厂销售。

如果上道工序流转来的原材料没有经过检验,我们不知道是否合格,心里肯定不会踏实,对这样的原材料就不会信任。对这样的原材料进行加工,很可能出现质量问题,很可能影响我们的操作,甚至加工不下去。即使加工不出问题,万一原材料不合格,到最后才发现,不管是返工返修还是报废,我们加工所付出的劳动就白费了。

如果对加工完成后的产品不进行检验,我们不知道交给下道工序或顾客的产品是否合格,特别是产品万一存在安全方面的缺陷,出了事故,我们肯定要承担相应的质量责任。即使质量问题没有那么严重,下道工序或顾客发现了,要我们返工返修,要找企业“三包”,责任追究下来,我们也要付出相应的代价。

因此,检验可以为我们提供对产品质量的信任。信任就是相信而敢于托付,可以增强我们对产品质量的信心。

这种信任,不管是对产品的提供者(我们是下道工序或顾客的产品提供者)还是对产品的接受者(我们是上道工序产品的接受者)来说,都是一种心理上的安慰。

不要小看这种安慰。没有这种安慰,上道工序与下道工序之间天天都可能发生争吵,企业的生产就可能难以为继。即使生产出产品了,顾客因为不信任这样的产品,就会拒绝购买,企业就只有关门。

这种对产品质量的信任,称为质量保证。

检验为我们提供质量保证,我们应当感谢检验。

9.2 我们与检验员的关系

承担检验职责的是检验员。

检验员是企业的把关人,把的是质量关。

我们加工,检验员检验,都是为了产品合格,为了质量不出问题。我们的目的和目标一致,没有根本的利害冲突。

但是,加工和检验,入关和把关,职能不同,职责各异,我们和检验员就可能出现分歧,也可能产生矛盾。我们认为合格的,检验员可能认为不合格。特别是那些要用感官检验的质量特性,例如机械产品的表面粗糙度之类,更是这样。

而且,检验员还承担着监督我们的责任。如果我们违反工艺纪律,检验员有权纠正;如果我们不纠正,检验员就可能向管理人员报告,我们很可能因此受到处罚。

于是,我们就可能与检验员产生矛盾,发生冲突,甚至争吵。

的确,可能也有检验员利用他的职权,故意来“卡”我们,给我们制造麻烦,明明合格,他偏要我们返工返修;明明符合规定,他偏要去“告”我们。

要处理好与检验员的关系,对我们来说,最重要的一条就是:我严格按规定操作,我确保我加工的产品质量合格,你要“卡”,“卡”不住也“卡不了”;你要“告”,我不怕,我奉陪。

一句话:他把他的关,我搬我的砖。

9.3 我们也要进行质量监督

检验员有权对我们的操作过程和产品质量进行监督,这是他们的职

责，我们只有接受。我不违反工艺纪律，我的产品是合格的，你监督也好，不监督也好，对我来讲无所谓。有了这样的心态，检验员的监督反而可以给我们加一道保险，我们就可以更加心安理得，心平气和。如果我们把检验员的监督看作是为我们站岗放哨，是我们的“警卫员”，那我们和检验员的关系就会更融洽。

质量监督不仅是检验员的职责，也是我们每个员工的职责。我们要接受检验员、管理人员和其他同事的监督，我们也可以监督他们，对他们违反工艺纪律、违反相关规定、违法乱纪的行为也可以进行监督。

所谓监督，就是监视、督促和管理。质量监督既要“监”又要“督”。“督”的形式，一是提醒，二是警告，三是考核。提醒和警告达不到目的，就要进行考核。或者说，质量监督的结果应当纳入考核。

一是对产品质量的监督。我们是上道工序的顾客，我们对上道工序的产品质量就承担着监督的职责。即使上道工序的产品质量已经经过检验员检验合格，但检验员检验的质量特性项目毕竟有限，那些没有检验的质量特性很可能不合格。而且，检验员也可能错检漏检，把不合格的认为合格了。不管是哪种情况，我们在加工时一旦发现，就应当提出来，要求上道工序返工返修。这样，不仅对上道工序起到了监督作用，而且也对检验员起到了监督作用。

二是对过程质量的监督。如果我们发现谁违反了工艺纪律，或者发现管理人员违反了相关规定，发现企业违反了法律法规，我们也可以进行监督。提意见建议是一种监督，向有关人员或有关部门控告更是一种监督。

9.4 我们要坚守的原则

作为操作者，我们的质量目标是合格。为此，我们要坚守“三不”原则。

一是不合格的原材料不投产。对我们来说，如果发现材料、原料或上道工序交来的在制品没有相应合格证明，或者有合格证却不合格，或者有其他质量问题,我们就应当提出来。合格证不拿来,质量问题没有解决,相关的管理人员和技术人员没有一个明确的说法,我们就有权拒绝接收,拒绝继续加工。如果我们继续加工,一旦出了质量问题,往往就说不清楚,责任很可能落到我们身上,那就更麻烦了。

二是不合格的零件不下传。对我们来说,如果我们加工的产品不合格,有质量问题,就不能将其交给下道工序,更不能将其混在合格品中,偷偷摸摸交给下道工序。不合格,该返修就返修,该返工就返工,该请有关人员来处理就请他们来处理,不过多花点劳动,多费点口舌。如果要报废,也只有让其报废,即使受处罚也认了。如果交给下道工序,交到顾客手中,万一出了大问题,我们受的处罚往往更大,那才不划算呢。

三是不合格的产品不出厂。这一条当然主要是对企业来说的,但我们也有责任。如果我们发现产品不合格了,特别是发现不合格产品正是我们自己造成的,就要提出来,防止其出厂。如果我们知道企业把不合格的产品故意当作合格产品推向了市场,就应当采取一定的方法,向政府举报,给予揭露,防止这样的产品损害顾客利益,危害整个社会。

10 质量与我有什么关系?

说了这么多,对我们打工者来说,质量一不能拿来吃,二不能拿来穿,三不能拿来用,与我们有什么关系呢?质量可以为老板创造利润,可以为顾客增加效益,又能为我们带来什么?我为什么要加入你这个质量特战队呢?

其实,质量与我们不仅有关系,而且关系大着哟,且听我慢慢说。

10.1 质量可以节省我们的劳动

如果你把本书认真读完,你就会知道,加入质量特战队,工作中讲质量,也就是讲效率。

质量特战队的基本战法:一是强调工前检查;二是动作程序化;三是严守工艺纪律;四是控制自己;五是加强过程检查;六是做好标识记录;七是养成清洁习惯。

这样的战法可以称为“七步战法”。

按照“七步战法”去做,工作就会顺心,操作就会顺手,意外就会极少,问题就会消除,产品质量就会合格,工作也就更有效率。

所谓效率,就是你用最小的劳动量去做好你的工作。同样的事,别人要花 10 分钟才能做好,如果你按我们质量特战队的方法去做,可能只要 8 分钟。而且,你可能再也不需要返工返修,又将节省好多的劳动。

如果你还能积极参与质量改进,节省的劳动就可能更多。

这节省的劳动可以全部归于你自己。

如果你是拿计件工资的,你就可以做得更多,因而也就可以获得更多的收入。

如果你是在装配线上打工,你再也不用手忙脚乱,可以更加从容不迫。减轻了劳动强度,对你的身心都是好事。

不信,那就试试看如何?

10.2 质量可以让我们免受处罚

合格的反面是不合格。

企业生产的产品不合格,无非有三种选择:一是报废;二是返修;三是管他三七二十一,推到市场,推给顾客。报废要给企业造成损失;返修企业有损失,还需要我们重新做,损失的是劳动;推给顾客,顾客一旦发现,就要找企业扯皮,很可能给企业造成更大的损失。

企业的损失,其实就是老板的损失。老板不是傻瓜,他肯定不会看到这样的损失白白丢掉,总要想方设法把自己的损失、把企业的损失转嫁给我们。明显的是罚款,是扣钱,是让我们赔偿损失;暗地的,是不给增长工资,或者增长的那点点让人哭笑不得。事实上,不管哪家企业,都有针对我们打工者的数不清的各种各样的处罚条款,甚至动不动就要开除员工,打破我们的饭碗。

因为产品质量不合格,老板(企业)要处罚我们,“合理合法”。我们被扣了钱,很可能连喷嚏也打不出来,往往只有忍气吞声,逆来顺受。

那么,我们为什么不能反过来问问自己:我为什么一定要受你的处罚?我为什么不能想办法避免你的处罚?

为了避免受罚,我把质量放在第一位,我把产品做合格不就对了么?

10.3 质量可以让我们获得奖励

企业有处罚制度,往往也有奖励制度。打工特战队就是要盯住企业的那些奖励条款,想方设法去争取奖励,去获得奖励。

我工作质量一流,工作效率超群,你该表彰奖励我吧?

我提高了产品合格率，我提高了产品质量，你该表彰奖励我吧？

我消除了质量隐患，我避免了质量事故，我减少了质量损失，你该表彰奖励我吧？

我改进了质量，为企业解决了难题，为企业增加了效益，你该表彰奖励我吧？

当然，我们讲质量，并不仅仅只是为了获得那点儿表彰奖励。有一个荣誉，当然可以为自己增光；得到奖金，当然可以让自己高兴；但最大的表彰奖励，最有价值的表彰奖励，却是我们自己对自己进行的。

我工作质量一流，工作效率超群，我为自己表现而自豪。

我提高了产品合格率，我提高的了产品质量，我为自己的能力而自豪。

我消除了质量隐患，我避免了质量事故，我减少了质量损失，我为自己的成就而自豪。

我改进了质量，为企业解决了难题，为企业增加了效益，我为自己的人生而自豪。

这种心理上的自豪感，可以让我们腰挺得更直，可以让我们精神更愉悦，对我们的人生可能更重要。心理学家马斯洛是这样认为的，质量管理大师朱兰博士也曾经这样说过。

难道你不愿意试试么？

10.4 质量可以改善人际关系

在企业，你是上道工序的顾客，你又是下道工序的供方，下道工序就是你的顾客。

你把质量控制好了，交给下道工序的产品（零件、部件或在制品）完全合格，下道工序继续加工就会更加顺手，更加方便。进行下道工序操作的同事就会对你赞赏有加，就会和你改善关系，成为你的朋友。

反之，如果你交给下道工序的产品不合格，存在着质量问题，下道工序继续加工就要遇到麻烦，或者要帮你调整，或者要帮你修理，或者要退回来让你自己去处理，进行下道工序操作的同事就要付出更多的劳动。人都是喜欢顺利的，都是厌恶问题的，更不愿意平白无故就多付出劳动。你给下道工序增加了麻烦，你让同事多付出了劳动，他心中就可能产生不满，就可能有怨气。天长日久，这样的不满、这样的怨气就可能发泄出来，说不定就要和你吵架，甚至打起来，朋友就可能变成敌人。

如果你通过质量改进，提高了你这道工序的产品质量，为下道工序创造了更好的加工或操作条件，减少或减轻了麻烦，让同事减轻了劳动付出，他看到你为他着想，肯定会感谢你的。虽然他可能嘴上不说，但心里有一本账。这样，你们之间的关系就会更加亲密，不是朋友就可能成为朋友，甚至成为好朋友。

10.5 质量可以改善我们的生活

我们是生产者，我们也是消费者，我们每天都要吃，要穿，要用，要坐车，要玩耍，要消费各种各样的产品。如果我们买到的产品都是歪货，吃的有毒，穿的有问题，用的经常出毛病，坐车时车坏，玩耍时不安全，你说怎么办？

不错，我们生产的产品，基本上都不由我们自己去消费，自己买到自己生产的产品的机会几乎为零。也就是说，即使我们生产的产品有质量问题，与我们自己也可能无关。但如果每个人都这样想，每个人都把质量有问题的产品推到市场，那就完了！我们上街买瓶水，可能也会担心喝下去会不会拉肚子！

这好像是大道理了，只要你我心中明白，那就不再多说。

小结　我的知识结构图

我们借用一个图来对本篇的内容做一个小结。

我们的质量意识、质量能力和心理状态以及企业的质量责任制决定了我们的工作质量。我们的工作质量（人）与设备（机）、原材料（料）、工艺（法）、环境（环）组成的4M1E要素，共同决定了过程质量。而过程的结果就是产品，过程质量也就是产品质量的决定因素。产品质量形成后，要经过质量检验，才能知道是否合格。而这一切都是在企业的质量管理体系中运行的，因而我们是企业质量管理体系中的核心要素。

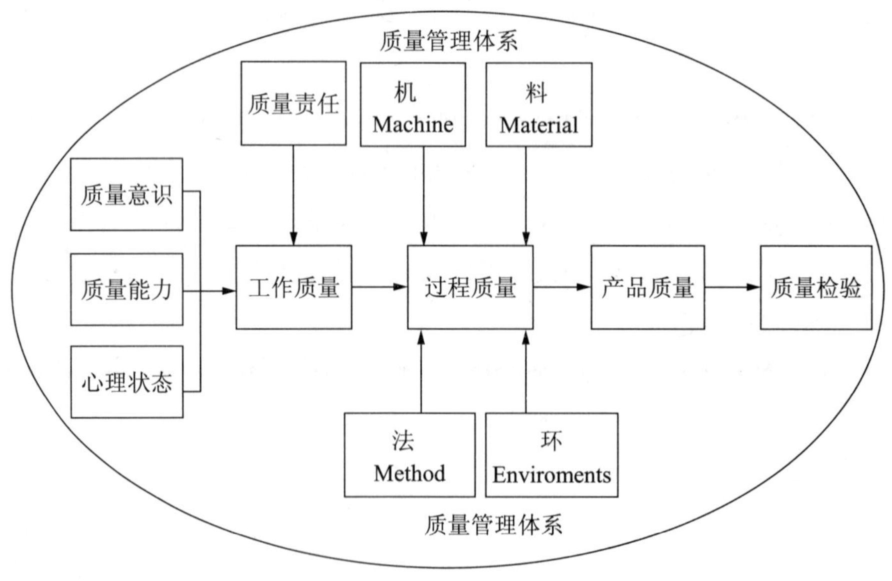

员工质量知识结构图

工作篇

每天我们走进厂房，开动设备，进行操作，对原材料进行加工。不管生产出来的产品是成品还是半成品，是零部件还是进行最后包装，都必须保证合格。

要保证合格，就要严格遵守工艺纪律，严格按照图纸、工艺和标准加工，严格控制人、机、料、法、环 4M1E 要素，确保过程稳定，确保产品质量。

作为打工特战队，我们有我们的方针，我们有我们的目标，我们有我们的战法。虽然我们的具体工作可能不同，在预防为主这样的质量方针指导下，按照统一的“七步战法”去操作，就能实现确保合格的质量目标。

我们的“七步战法”来自于实践，也得到过专家的指点。

“七步战法”是我们安身立命的法宝，是我们打遍天下的绝技，也是我们特战队战旗上的标志。

让我们的“七步战法”风行天下！

11 我的方针:预防为主

11.1 确定我们的质量方针

我们不管做什么事,都有一个指导思想,都有一个“宗旨和方向”。这样的指导思想或“宗旨和方向”,就是方针。

所谓方针,就是指导我们有意识活动的宗旨和方向,也就是指导思想。事实上,我们做任何一件事情,可能都离不开既定的方针。只是这个“方针”没有能用语言固定下来,有时显得模糊而已,甚至连我们自己也没有意识到。但只要我们一推敲就会发现,实际上还是有某种“宗旨和方向”在指导我们,在约束我们。

举例来说,肚子饿了,要进厨房去煮饭,我们肯定要有一个既定“方针”——饭菜要可口、要适量,没有客人来可以简单一些,如果有剩菜剩饭则尽量利用,等等。又例如我们去乘车,肯定会以安全为第一宗旨。当我们发现汽车存在故障后,就可能取消乘车,或者立即下车。可以说,任何事情都有类似的情况。

质量是企业的生命,是我们打工特战队的旗帜,当然也要有这样的方针,也就是质量方针。

大多数企业都制定有质量方针,我们也要有自己的质量方针。

不过,我们所说的质量方针,不是那种编出来只供别人看的顺口溜,而是实实在在用来指导自己工作的原则。

如果我们做事之前能够事先建立起这样的方针,有一个明确的指导思想,那么不管做什么,都有了规矩,都不会乱做,都能起到指导自己、约

束自己的作用,岂不更好?

我们的质量方针是我们质量意识的反映,有什么样的质量意识就会有什么样的质量方针。质量意识不强,制定的质量方针就可能偏离我们打工特战队的宗旨。

我们的质量方针当然要和企业的质量方针相协调,但不能用企业的质量方针来代替。不少企业的质量方针都是“虚”的,甚至是假的,表面光鲜堂皇,实际上并不落实,甚至是用来应付认证机构和顾客的。

作为质量特战队,我们的质量方针只有四个字:预防为主。

11.2 为什么要预防为主

人类一诞生就离不开生产,生产出来的产品就有了一个质量问题。虽然那时人类还不知道质量是什么东西,却有了原始的质量检验。据考古发现,早在原始社会,人们在打制石器的时候,就已经有了最原始的质量检验,执行检验任务的往往是部落中的长老。到了大工业时代,企业有了专门的检验员,对质量进行把关。

但是,仅靠检验把关,虽然可以把不合格的产品拦住,但不合格品已经生产出来了,或者要返工返修,或者只有报废,浪费也就在所难免。因此,到20世纪中叶以后,产生了一种新的质量管理方法,也就是全面质量管理,提出了预防为主的原则,ISO 9000就体现了这样的原则。

什么叫预防?预防就是“为消除潜在不合格或其他潜在不期望情况的原因所采取的措施”。

我们是人不是神。人有失足,马有漏蹄。我们不管做任何事情,都可能犯错误、走弯路、产生失误。错误、弯路、失误其实就是不合格。能不能把事情做好,能不能使工作或活动达到预期目标,能不能使工作或活动有效和有效率,很大程度上取决于防止或减少不合格,也就是预防。

要预防为主,首先要在思想上重视。做任何事都是,更不要说做我们的工作了,都要先有一个思想准备,不能“做起来再说”。例如,我们要加工一个零件,图纸都没有看清楚,原材料合格不合格都不知道,就把机器开动起来,做出来肯定要不得。如果我们确定了预防为主的质量方针,工作之前就会按规定先做好准备,工作之中会全神贯注,一旦发现问题就会想办法解决。

要预防为主,还要有相应的措施,也就是要按我们打工特战队的“七步战法”来做。“七步战法”体现的就是预防为主。不管是强调准备工作还是操作程序化,不管是严格遵守工艺纪律还是控制工作状态,不管是加强检查检测还是做好标识记录,甚至我们养成的清洁习惯,都是为了预防不合格。

预防当然需要投入,对我们来说,投入的是工作。提前投入一些劳动,带来的收益肯定是很大的。采取了预防措施,可以避免重大质量事故。虽然有时候不进行某种预防,不采取某项预防措施,可能也会不出问题。但是一旦出了问题,损失就大了,可能数倍数十倍于投入的劳动。因此,不要认为预防是“虚”的。

要做到预防为主,就需要对过程进行控制。过程质量有保证,产品质量才有保证。影响过程质量的,不外乎人、机、料、法、环 4M1E 要素。对过程的控制,也就是对这五大要素的控制。

对过程进行控制,就是最好的预防。

11.3 用质量方针指导我们的工作

我们有着丰富的心理活动,这是我们与动物的最大区别之一。我们的一切言论、行动都要受心理活动的指导和制约。对于工作来说,心理活动这种指导和制约作用更加明显。原始人去采摘野果之前,首先要确定为什么去采摘、采摘什么、采摘回来怎么办,这就好像是一个方针。这样的方针指导我们去进行劳动,并对自己的劳动进行约束,不让劳动越过预定的轨道。

我们每天都会遇到各种各样的事,把对各种各样的事的方针归纳提炼出来,就形成了我们的为人处世的方针。为人处世的方针与我们的人生哲学相关,是在人生哲学指导下形成的。例如,我的为人处世方针是:

对人要真诚、坦白、热忱、友好，对己要严格、节俭，对事要认真、负责等。一个人为人处世的方针一旦形成，就会用它来指导自己的日常行为。当然，在现实中，个人的方针往往是潜在的。即使某人宣布了他的方针，人们也要通过听其“言”观其“行”来把握。但是，即使“言”、“行”脱节甚至相反的方针，也会对他的行为产生指导和制约作用，包括指导他做假事、说假话。

为人处世的方针一旦形成，要改变也就相当困难。符合方针的事，他会努力去做；不符合方针的事，他会消极对待，甚至加以拒绝。这就是我们在甲公司是模范员工，到了乙公司对工作依然认真负责的原因。

质量方针的心理作用与此相似。如果我们确定了自己的质量方针，在遇到质量问题时就会按质量方针规定的宗旨和方向去处理，质量也就成为我们的信仰，成为我们的旗帜。

12 我的目标:确保合格

12.1 确定我们的质量目标

我们做事,仅有一个指导思想或方针还不行,还要有一个目标。即使我们出门,也要有一个到哪儿去的目标。即使我们打游戏,也暗藏着一个要打赢的目标。虽然有些时候,这样的目标可能是模糊的、不明确的、没有具体目标数据的,但目标总是在我们的意识或潜意识中存在着。

目标是我们所期望的成果,是我们工作指向的终点,是激励我们认真学习、努力工作、加强控制的重要要素。

我们加工产品,当然要有相应的目标,例如要完成任务,要保证产品合格等。这样的目标,有的是企业或管理人员强加给我们的,有的是我们自己确定的。企业或管理人员强加给我们的,虽然我们可能反感,但依然还是要按这样的目标去做。与其反感而抵触,不如将其化为自己的目标,往往能够让自己心情更舒畅,做起工作来也更顺手。

目标是在方针指导下制定的,有什么样的方针,有什么样的"宗旨和方向",就有什么样的目标。

目标实际上就是"方向"上的某一个点。这个点一旦达到,可能又有下一个点在等待着我们。

质量是企业的生命,企业当然有自己的质量目标。没有质量目标,质量方针也就没有一个落实的地方。

打工特战队高扬着质量大旗,当然也要有自己的质量目标。

不管是企业或管理人员强加给我们的,还是我们自己确定的,质量目

标都是我们工作中最重要的目标。

质量目标可以激励我们，能够增强我们的信心，迫使我们下决心，使我们精神振奋、斗志昂扬、士气高涨。

质量目标可以给我们一个示范，使我们明白什么是应该做的、什么是不可以做的，以及自己的工作要达到什么目标，从而使我们用质量目标来规范自己的行为。这种规范也是一种限制，也就是促使我们去规避、去限制自己与实现质量目标相背离的行为。质量目标通过我们的意志过程，促使我们去实施达到质量目标的措施，去规避与达到质量目标不相符的做法，而且还迫使我们坚持这样做下去，使我们具有完成质量目标的意志。

质量目标对我们的个人目标具有导向作用，鼓励我们将自己的个人目标与质量目标挂钩，甚至统一起来。这种导向作用，既表现为促使我们按实现质量目标的要求去制定、明确、提升自己的个人目标，同时也表现为促使我们修订、放弃或暂时放弃与质量目标不相符合的个人目标。

质量目标一旦实现，肯定能够给我们带来心理上的愉悦。这种愉悦，是一种成功，是一种享受，而且往往还可能给我们带来表彰奖励之类的利益，至少能够让我们脸上有光，心中有喜。同时，还会加深我们对质量的感情，提升我们的质量意识，增强我们做打工特战队的信心和决心，何乐而不为呢？

12.2　质量目标与其他目标

任何企业都存在着多种目标，包括质量、安全、产量、成本、交货期、利润等。我们也有多种目标，例如，我们有生活的目标、工作的目标，还有人生的目标。即使在工作中，也有质量、安全、产量（特别是在实施计件工资的时候）等目标。

不同的目标可能是协调的，也可能发生冲突。

例如对企业来说，利润是其第一级目标，质量、安全、产量、成本、交货期之类都是第二级目标。当第二级目标与第一级目标发生冲突时，企业往往会舍弃第二级目标去保第一级目标。在第二级目标之间发生冲突时,那些与第一级目标联系更加直接或更加紧密的目标,也可能冲击那些联系不太直接或不太紧密的目标。

企业的目标发生冲突如何解决,那是老板和管理人员的事,我们可以不管。

只说我们,我们的多种目标也可能存在冲突。如何解决这样的冲突,往往考验着我们的质量意识和质量道德。

我们是打工的,我们要养家糊口,我们当然希望自己的收入尽可能高一些,收入肯定是我们的第一级目标,质量之类当然要退居为第二级。但是,为了实现第一级目标,我们也要讲质量,或者说,要用质量目标去推进第一级目标的实现。

如果我们在装配线上作业,工资是老板定的,能不能涨工资,是由老板决定的。作为打工特战队,我们讲质量,讲效率,在质量上做出突出贡献,天长日久,老板总是能够知道的,那我们涨工资就有了可能。

如果我们是独立操作,交出的产品质量都是顶呱呱的,老板就可能为我们涨工资。

即使实施计件工资,做得多得到多,我们讲质量讲效率,比别人做得好,甚至比别人做得多,也不会吃亏。即使质量与产量发生冲突,我们讲质量,不返工不返修,不做无用功,肯定不会比别人差。万一因为顾及质量而生产速度慢了一点,比别人少做了几件,至少也会心安理得,不会担惊受怕。想想,如果我们交出的产品存在质量隐患,心里能安吗?

我们选择对自己收益(包括精神上的收益)影响较大的目标并不错,谁不想多得一点钱?谁不想少付出一点劳动或早一点休息?但是,如果舍弃了质量目标,为了赶进度、上产量,甚至降低质量标准,即使能够蒙混过关,也只能一时得逞,终难保某一天倒霉。算一个总账,依然得不偿失。

因此,我们不能舍弃质量目标!

12.3 我们的质量目标是合格

企业肯定有质量目标,那是根据企业面临的市场和企业的自身情况制定的,不管目标是用什么样的文字表达出来的,其核心无非就是两个字:利润!说白一点,也就是:赚钱!

企业不赚钱就不能生存。

我们面对的是生产过程,面对的是产品,而且是正在形成的产品,不是零件就是部件,不是某一个具体的质量特性值就是这一个质量特性值的某一个阶段性的技术要求,我们给自己确定的质量目标不能脱离我们的工作。

我们只能把"合格"作为质量目标。

所谓合格,就是符合企业通过图纸、工艺资料、标准、操作规程、规章制度以及技术人员或管理人员传达给我们的要求。

至于这些要求是否符合相关的法律法规,是否符合顾客的需求和期望,是否可以为企业、为顾客带来效益,那是老板、经理、技术人员或管理人员的事,虽然我们可以管,但往往不是我们能管得了的。

作为打工特战队,我们的质量目标是:

一是要保证合格;二是要预防不合格;三是要阻挡不合格;四是要消除不合格;五是要把不合格变为合格。

一句话:我们的质量目标就是两个字——合格!

12.4 用预防来保证合格

要保证合格,就要实施预防为主的质量方针。

为了预防不合格,我们就要实施打工特战队的绝招:制定自己的内控标准。

所谓内控标准,就是为了确保加工的产品百分之百合格,自己制定或确定的高于企业通过图纸、工艺资料之类给我们规定的标准。例如,企业要求我们加工的产品合格率达到95%,我们就按97%来要求自己,来进行控制。又例如,一个零件尺寸的公差,图纸要求上下不超过0.20mm,我们就按上下不超过0.15mm要求自己,进行控制。

这样的内控标准不需要写成文字,也不需要向他人张扬,更不需要向管理人员做出保证,但却需要在我们意识中形成,让其成为我们的质量目标。

古话说:“求乎上,得乎中;求乎中,得乎下;求乎下,无所得。”所谓“求”,就是目标。把控制的标准提高了,也就等于把质量目标提高了。

有了内控标准,我们就会更加小心,更加注意,产品质量也就会更好。即使因为意外原因出了一点问题,造成产品质量指标有所超标,但由于我们的控制标准高于企业的要求,很可能依然还在企业的标准要求之内,产品依然是合格的。

有的企业也有内控标准,但那和我们并无直接关系,我们只按照企业对我们的要求来制定或确定自己的内控标准,并按这样的标准来控制质量。

这样,我们就能够万无一失,就能确保加工的产品质量完全合格。

13 我的习惯:工前检查

有了方针,有了目标,我们就开始工作了。

打工特战队的“七步战法”,我们一步一步说,先说准备工作,也就是工前检查。

13.1 为什么要检查

我们的质量方针是预防为主,质量目标需要通过预防来达到,而预防的第一步就是工前进行检查。

检查就是去查看,其目的:一是为了发现问题和缺陷;二是为了减少失误;三是为了提高正确率;四是为了保证质量和效果。

军事上有所谓“知己知彼,百战百胜”的说法。我们在工作中,也要“知己知彼”。

知己,就是要知道自己,知道自己的质量意识、质量能力和心理状态。如果说质量意识和质量能力相对固定,那么生理心理状态往往就是变化着的。通过检查,如果发现自己的质量能力难以保证工作质量(一般是面临新的工作任务才有这样的情况),就要想办法提高。如果发现自己的生理心理状态不适应工作,就要想办法调整。

知彼,就是要知道我们加工过程中使用的设备、原材料、方法、环境。虽然我们的工作是相对固定的,这些要素也可能相对固定,但也有可能发生变化。例如设备,长期使用就会出现误差,甚至出现故障,如果不检查,就可能因误差造成质量问题,因故障造成质量安全事故。只有通过检查,我们才能真正知彼,避免因为不知彼而出现质量问题。

检查当然要花费我们的时间，花费我们的劳动，但这样的花费是值得的。通过检查，知己知彼了，我们操作起来就放心大胆，就能提高效率，这就是所谓的"磨刀不误砍柴工"。通过检查可以发现问题，避免加工过程中出现异常，避免引起产品质量问题，就更不要说了。

俗话说，不慌不忙，才是内行。用一点时间和劳动进行工前检查，才能体现我们打工特战队的风采。

13.2 检查什么:4M1E

我们的操作是一个过程。影响过程质量的4M1E五大要素，是我们检查的主要对象。

首先是检查我们自己：我有没有操作资质？我能不能适应工作需要？我今天的心理状态有没有异常等。如果管理人员今天安排我去开车，我却没有驾驶证，我当然可以拒绝。没有操作资质去操作，不仅违反了相关法律法规，而且很可能造成重大事故。我今天感冒了，管理人员却把今天的任务加大了一倍，很难完成任务，那就要提出来，把理由讲清楚。实在不能坚持，可以请假，但绝对不能拿自己的生命和工作开玩笑。我上班路上和他人发生冲突吵了架，心情不稳，气愤难抑，那我就稍微休息一下，平静一下心态，免得因为情绪异常造成质量安全问题，等等。

其次是检查设备：设备是否完好？是否超过保养期？有没有什么异常？特别要检查诸如计量器具、工具、刀具之类。如果过了保养期或校准（检定）周期，就要及时保养，及时送检，防止超期使用。如果出现异常，就要查出原因，及时消除，万万不可让设备带病操作。很多质量安全事故，都是因为设备带病操作造成的。

第三是检查原材料（包括在制品之类）：是否有合格证明？存在的问题是否已经解决？特别要检查在制品，不管是自己昨天加工的在制品，还是上一班的同事加工的在制品，是否加工完毕？没有完成的，还要检查哪些工步已经完成？哪些工步需要继续加工？昨天或上一班的同事加工中遇到的问题是什么？是否已经解决？等等。如果对此心中无数，只顾抢

时间、争速度，很可能速度争到了，却出了质量问题，欲速则不达。

第四是检查工艺（方法）：相关的图纸资料是否完整、适用？自己是否已经消化？这样的工艺或加工方法能否保证质量？等等。特别是相关的尺寸一定要看清楚，需要进行计算的，一定要计算好，最好能够验算或重复计算一次。质量问题往往就出在计算上，越是简单的加减法越容易出错，不可掉以轻心。

第五是检查环境：如果加工的产品或加工过程对环境有特殊要求，就要按要求进行检查。如果没有特殊要求，也要检查一下周围是否有危及安全的隐患，是否有对加工过程造成影响的声、光、尘之类的污染。

13.3 怎样检查

根据具体情况，检查可以复杂一些，也可以简单一些。

如果面对的加工过程很复杂，产品质量要求高，那检查也要复杂一点。但不管怎么复杂，都要抓住重点。例如，影响产品质量的主要因素是原材料，那么检查原材料时就要更认真更细心一些，而对产品质量影响不大的因素，例如环境之类就可以简单一些。

在装配线上操作，设备有专人负责，提供给每个工步的原材料是固定的，工艺也相对固定，检查也可以简单一些。

但是，不管怎么简单，哪怕只是看上一眼，这样的检查也是要进行的。即使在装配线上操作，也要看看设备是否齐全、是否在保养期或校准（检定）周期之内，也要看看原材料是否合格、是否齐全，等等。

人是影响过程质量的核心要素，因此对自己进行检查往往才是最重要的。对自己进行检查其实很简单。上班前，先问问自己：今天我的质量意识如何？我的质量能力是否波动？我的心理状态是否异常？走进车间，就要把其他事项先放下来，把心思集中到工作上来。

一般情况下，只有对设备特别是重要设备进行检查，企业才会要求进行检查记录。因此，除非企业有规定，这种工前检查不需要记录，甚至也不需要汇报。只要班前花上一两分钟时间来检查一下，肯定是大有裨益的。

如果是在装配线上作业，或者是进行集体操作，那就要召开一个班前会了。班前会实际上就是一种工前检查。两三分钟的班前会，总结一下昨天工作，安排当天任务，顺便也对人、机、料、法、环的情况进行一下检查，提醒大家注意安全，保证质量，是很有必要的。

13.4 检查后要采取措施

其实，检查不是我们的目的，检查是为了发现问题，是为了针对问题采取措施，从而消除问题，使人、机、料、法、环影响过程质量的4M1E要素不出现异常，能够保证产品质量的顺利形成。例如，通过检查，发现设备有点异常，我们把设备调整好就行了；如果调整不好，就请机修工来修理，事情就解决了。

我们提倡工前检查，并不是说检查一发现问题，就一律停工，就一律拒绝继续工作。人、机、料、法、环都是很复杂的，很可能存在着这样那样的问题，不能因为有这样那样的问题我们就不工作了。发现问题后，当然要尽可能采取措施消除，但也总有一些问题是难以消除的。这时，就要看问题的性质和大小了。

如果发现的问题并不影响过程质量，或者对过程质量影响不大，或者通过努力，可以把这种影响控制在可以接受的范围，我们就可以继续工作。

例如，虽然有点感冒，但能够坚持，那就要坚持。在坚持的过程中，要更加小心，更加注意，防止因此造成质量安全事故。为此，必要时可以降低一下速度。

又例如，检查时发现原材料尺寸有些问题，但仍然在规定的上下偏差之内，我们加工时心中有了底，照样能够保证产品质量合格。

所谓措施，既包括了消除人、机、料、法、环出现的异常和问题，使其恢复正常，也包括不能消除的异常和问题，但通过我们努力，同样让产品质量合格。

14 我的方法:动作程序化

14.1 程序是保证质量的重要措施

我们是打工者,我们的工作主要是操作。所谓操作,就是我们用手脚或其他器官活动的一种行为,也就是劳动。

既然是操作,就有一个先做什么、后做什么、再做什么的问题。如果把先做什么、后做什么、再做什么固定下来,就形成了流程,形成了规程,形成了程序。

其实,流程也好,规程也好,程序也好,说白了,就是把我们操作的动作按一定的顺序排列起来,依序进行。

如果这样的顺序已经被企业用文件进行了规定,按 ISO 9000 的说法,就是已经“形成文件的程序”,那个文件就叫作程序文件。

事实上,我们操纵设备,肯定要按操作规程进行,那操作规程就是一种程序文件。

实际上,程序就是一种方法,是影响过程质量的 4M1E 中的一个重要要素。

如果是大过程、关键过程或重要过程,就需要相应的程序文件来进行规范。可以说,程序是确保质量的一个重要措施。

不过,对打工者来说,我们的操作大多数情况下都没有或者说不需要这样的文件来规定。虽然不需要文件来规定,但我们的动作依然应当有一个“先来后到”的流程,否则就会乱套,影响我们工作的质量和效率。

当然,程序不仅仅只是“先来后到”,而且还附有相应的要求。哪一个动作怎么做,做到什么程度,我们心中都要有个底。

例如我们装配一个盖板,要上 4 颗螺钉,先上哪颗,后上哪颗,这是顺序;先上的不能扭得过紧,而是要把 4 颗螺钉都上好了,再把先上的扭紧,这就是要求。如果我们把第一颗螺钉上好就扭紧,后面的螺钉就可能因对不准螺孔而不好上了,于是就要把第一颗扭松,这就造成返工,浪费了劳动,不划算。

如果把我们的动作分得更细,"先来后到"分得更明白,要求更细致,而且长期坚持下去,这就是我们所说的动作程序化。

很显然,动作程序化可以减轻劳动强度,减少返工的麻烦。

14.2 程序化可以减少差错

动作程序化是降低工作对注意力依赖程度的重要手段。

任何一种操作,不管多么复杂,实际上都是一个一个动作组成的。例如,车工操作,总离不开启动、进刀、退刀等动作,进刀、退刀是手柄顺时针或反时针的摇动。如果把这些分解了的动作按一定的程序组织起来,然后固定不变,天长日久就会在我们头脑中形成一种模式,就会变成下意识动作,这样就降低了对注意力的依赖。车工进刀、退刀之所以不会摇反手柄,往往并不是他把注意力集中到手柄上或握手柄的手上,而完全是一种下意识动作。动作程序化能够增加下意识动作在所有动作中所占的比例,并且能够提高下意识动作的精度。相反,工作无程序,手忙脚乱,东抓西找,就难免会出差错。

如果我们在工作中已经形成了程序化的固定模式,除非这样的模式不能保证质量,除非存在问题,最好不要轻易改变。一旦改变,打乱了原来的流程,很可能出现问题。例如用电饭煲煮饭,先要把米放进煲中,然后加水,通电,再按下煮饭键。如果某一天你要改变这样的程序,例如先通电,再加水,正好遇到有电话来了,说不定你就忘记加水了,就可能造成事故。

动作程序化了,还可以避免精神过分紧张,避免手忙脚乱。

我们可能都有这样的经验,工作中一旦精神过分紧张,就会手忙脚乱,就很可能造成工作差错。如果我们操作的动作程序化了,每一个动作都有固定的位置,都能适当地把握,心中都有底,精神就不会过分紧张,表现就会从容,既不会手忙脚乱,也不会前后混乱,这样就可以减少差错。

14.3 养成良好习惯

要让我们的动作程序化,就要养成良好习惯。

如果我们把程序化的动作固定下来,天长日久就会形成习惯。从操作的角度来看,所谓习惯,就是指长期养成的不易改变的动作和工作方式。任何一种动作、任何一种行为,只要不断地重复,就会成为一种习惯。

研究表明:21 天以上的重复就会形成习惯,90 天的重复就会形成稳定的习惯。也就是说,同一个动作,重复 21 天就会变成习惯性的动作。

俗话说,习惯成自然。习惯之所以能够成为自然,是因为习惯会影响我们的下意识或潜意识,而下意识或能够在不知不觉中就支配了我们的动作和行为。这样,习惯就成为一种心理常态,这种常态被称为习惯性心理。

在习惯性心理的支配下,我们就会按照习惯进行操作。好的习惯往往能够让我们避免诸如因粗心、疲劳等引起的差错。如果习惯已经成了我们的下意识或潜意识,我们就更不容易因为粗心、疲劳出差错了。

我们的动作和操作不出差错,就会减少质量问题,就能保证安全,而且还可以提高效率,减少劳动量,减轻劳动强度,何乐而不为呢?

当然,要养成良好的习惯,首先需要克服不良的或原来的习惯。开始那几天,因为是刻意的,肯定让我们感到不自然,觉得不舒服。但只要坚持,只要不放弃,继续重复,就会觉得比较自然,比较舒服了。如果继续坚持下去,从 21 天坚持到 90 天,良好的习惯就会成为不经意的、自然的过程,也就是说已经形成了良好的习惯。

习惯一旦形成,就完成了相应的自我改造,进入了习惯的稳定期,这样的习惯就可能成为我们生命中的一个有机组成部分,习惯就会自然而然地不停地为我们的工作效劳。

14.4 让物件配合我们的动作

要让动作程序化，还要安排好工位、工具、原材料之类，让它们配合我们的动作。

例如，我们是坐在装配线边进行操作，那座位就不能离得太远，也不能离得太近，不能让座位影响我们的动作。

例如，我们是装配工，所有的零件、部件都要放在相应的位置，伸手就可以拿到手，不能乱放，不能因放的位置不对，让我们去拿第二次。

特别是工具刀具，例如钻头、丝锥之类，大的、小的，类别繁多，一旦用错了，就会造成质量问题，甚至报废，更要让其各在其位，确保伸手拿到且不会拿错。如果全部放在一堆，用的时候再去一个个找，不仅花费时间和劳动，而且极容易出错。找来找去找不到，还可能让自己心急，导致动作紊乱，手忙脚乱。

当然，即使零件、工具之类摆放得很整齐，伸手可拿，拿过来时也还是要检查一下，以防万一出现差错。

随着科学技术的发展，各种工作的操作方法、操作程序和操作动作将越来越简化。越是简化，越容易出错，也就越需要动作的程序化。

不管是哪种操作，都要求动作协调、迅速、准确，有的还要求细腻、优美。程序化的动作甚至可以产生美感。如果我们的动作程序化了，已经形成了良好习惯，别人看来就像是舞蹈一样，就会达到美的境界。

15 我的诀窍:严守工艺纪律

15.1 用工艺纪律来保证过程质量

现代工业是集体化生产,不同的人有不同的岗位,每个人往往只能做很小的一件事或几件事,任何人都没有能力完成一个企业的全部工作。一万名员工,谁也别想一个人就造出大炮,把他们组成一个企业,却可以造出成千上万门大炮来。

在这种情况下,任何一个人都不能随心所欲,都不能高兴怎么做就怎么做,而必须按照一定的规则来做。否则,就会像《圣经》里面所说的通天塔故事一样,因为相互不能沟通,结果只好半途而废。

以车工为例,如果哪位车工不按图纸加工,要把图纸上 ϕ4mm 的孔加工成 ϕ5mm 的孔,那零件就只有报废。

以装配线为例,每个人可能只装配一个零件,而且是固定的。如果某人突发奇想,要装配两个零件,把别人的工作代替了,肯定就要造成混乱,甚至可能迫使装配线停下来。

正因为如此,企业就要设立相应的工艺,要求每个员工都严格遵守,这就是工艺纪律。

从质量管理角度来看,工艺纪律是为了满足产品的质量要求,由操作规程、技术标准、工艺规范等构成的一系列具有约束力的相对完整的制度体系。

说白一点,所谓工艺纪律,就是企业用来指导和规范我们操作的带有约束性的规定。由于这样的规定是必须执行的,因而称为纪律。

既然是纪律，就带有惩罚性。如果我们不遵守，一旦被发现，轻则挨批评，重则被扣工资被罚款。

这不是企业可恶，更不是管理人员可恶，而是纪律。

没有工艺纪律，企业的生产就会陷入混乱，甚至造成安全事故，付出血的代价。

不遵守工艺纪律，产品质量就不可能得到保证。质量出现问题，除了设备、原材料和工艺（方法）本身有问题之外，几乎都是不遵守工艺纪律造成的。

可以说，工艺纪律严不严，执行得到位不到位，往往反映了一个企业的质量管理状况，甚至也能反映这个企业产品质量的优劣。

对于打工特战队来说，既然我们高扬着质量的大旗，就一定要严守工艺纪律，用工艺纪律来保证过程质量。

15.2　我们要遵守哪些工艺纪律

一是要严格按图纸资料加工。我们在企业里工作，不像在农村家里做农活，自己高兴怎么做就怎么做，而必须严格按照图纸资料的规定来做。哪儿要钻一个孔，孔钻多大，钻多深，一点儿也不能乱来。一旦乱来，就可能造成质量问题，甚至报废。有的工作没有图纸资料之类，但管理人员和技术人员有交待，就要按他们的交待来做。即使这样，如果有可能，最好也去找找相关的图纸资料，把相关的要求弄个明白。在企业打工，绝不能用"我高兴"来对待自己的工作。如果发现图纸资料真的错了，作为操作者，我们也只有向管理人员和技术人员提出来。在他们没有更改之前，我们依然只能按图纸资料来加工。对我们来说，这是一条铁的纪律。

二是要严格按规定的工艺规程（方法）加工。工艺规程是指导我们加工的技术文件，包括先加工什么，后加工什么，中间还需要进行哪些过程，用什么设备和工装（包括刀具、夹具、量具、辅具）来加工，加工过程中要注意什么，有什么质量要求，是否要检验，等等。工艺（方法）是 4M1E 中的重要要素。在生产中只有按照工艺规程执行，才能够建立正常的生

产秩序，才能够确保产品质量。因此，我们必须严格按照工艺规则的要求进行操作，绝不能擅自简化操作程序、降低技术标准。当然，如果我们有更好的加工方法，也可以提出来，经过试验，经过管理人员和技术人员批准，经过对工艺规程进行更改，才能正式使用这样的新方法、新工艺。总之，我们不能随心所欲，不能违反工艺纪律，不能随意按自己的想法去加工。

三是要严格执行首件三检制。在相当多的工序，企业可能都要求执行首件三检制。所谓首件三检制，就是每天上班加工的第一件产品，首先应当进行自检，然后进行互检，最后交专业检验人员进行检验。只有首件检验合格，并且是经过自己、同事和专业检验人员“三检”都是合格的，才能继续加工。这实际上也是一种质量保证，自检是自己为自己提供信任，互检和专检是他人为自己提供信任。这样的信任使自己对自己加工的产品质量有了一个“底”，心里踏实了，继续加工也就可以放心进行。更重要的是，这样可以预防成批不合格，防止成批报废。因此，我们要严格执行。

四是要主动配合检验。我们要主动接受检验人员的监督，配合检验人员进行工序检验、巡回检验和产品检验。产品加工完成了，如果规定要检验，我们一定要按规定送检，绝不能蒙混过关。即使个别检验人员故意刁难我们，只要我们的产品质量过硬，就什么也不怕。还是前面说的那句话：他把他的关，我搬我的砖。

五是严格按规定处理不合格品。影响产品质量的因素很多，难免出现不合格品。出了不合格品并不可怕，一定要按企业规定的程序进行处理，该返工就返工，该返修就返修，该降级就降级，该报废就报废，绝不能把自己或他人发现的不合格品混到合格品中，更不能把不合格品当合格品，采取报假数、送假样之类的手段，让不合格品蒙混过关。如果真的混过关了，那不合格品就像定时炸弹，说不定哪天出了问题，损失更大，倒霉的依然是我们自己。

15.3 怎样严守工艺纪律

首先我们要慎独。所谓慎独，就是说，在没有人监督的情况下，在我们独自活动的时候，也能够高度自觉，严守工艺纪律，不做任何有违工艺纪律之事。上班时不可能每时每刻都有人来监督我们。如果我们想违反一下工艺纪律，那是很容易的，而且违反了别人还不知道，甚至也不能追查出来。但是，只要违反工艺纪律，就可能给产品质量造成隐患。因此，严守工艺纪律，最关键的是要慎独。特别是时间紧、任务重的情况下，或者有诸如奖金之类诱惑的时候，更要慎独，绝不能因为眼前利益就放弃我们打工特战队的誓言，把质量抛到脑后，为了多做一点计件工资而违反工艺纪律。万一翻船现了相，质量问题被发现，吃亏的还是我们。

其次是要监督同事遵守。工艺纪律是进行质量控制的重要措施。如果只是我们遵守，其他同事不遵守，还是要造成混乱，影响产品质量，让我们付出更多的劳动。特别是作为下工序，上工序违反工艺纪律，很可能增加我们继续加工的难度。因此，如果发现同事违反工艺纪律，至少我们可以友善地提醒他。如果他不改，也可以报告上级。

最重要的是要抵制管理人员、技术人员违反工艺纪律的命令。现实中，为了赶任务、抢进度或为了其他目的，一些管理人员和技术人员往往让我们违反工艺纪律，或者在生产条件不满足工艺规程要求时要求我们加工，或者要我们使用有问题的设备、过期的计量器具和不合格的工具、夹具、刀具和辅具，或者原材料还没有检验或检验不合格就要我们加工，或者要我们将不合格产品往下流转，等等。遇到这样的情况，我们要提出自己的意见，加以抵制。如果他们仍要坚持，我们还可以向上级反映。即使我们抵制不了，也要他们在相关记录上签字，或者留下相关的证据。万一出了大问题，我们才能“说得清楚”。

16 我的状态:控制自己

16.1 保持良好的工作状态

我们是人,而人是过程质量中最重要的要素。机、料、法、环等要素再好,没有人,过程同样“过”不起来,也“程”不了结果。在过程质量中,人的工作状态甚至可以决定其他要素的状况。设备明明好好的,你却按错了电钮,岂能不出差错?原材料都是优质的,你却计算错误,产品只能报废。方法十分先进,你偏偏不按规定去做,肯定要出问题。环境也完全符合要求,你却在车间大吵大闹,造成自己心烦不说,还要影响同事。反之,即使4M1E其他要素有点问题,但只要质量意识很强,质量能力过硬,我们也可以通过预防,通过改进,消除质量隐患,保证产品质量不出问题。

因此,过程质量是否能够得到保证,关键还在我们,在我们的工作状态。

我们可能都有这样的经验:某日去上班,心情愉快,思维敏捷,操作顺手,效率很高;而另外某日,却感到这也不顺心那也不顺手,情绪也跟着坏起来,没做多久就疲惫了,即使不出问题,完成的任务也少得多。

工作状态就是我们在工作中的综合表现。影响我们工作状态的,既有外界的客观因素,也有内在的生理心理的主观因素。

每个人都有生理变化,有饥、饱、疲、累、冷、热、伤、病的感觉。人都有七情六欲,有自己的喜、怒、哀、惧、爱、恶、欲。这样的感觉,这样的情欲,或多或少、或直接或间接,都会影响我们的生理和心理状态。而我们的生理和心理状态,或多或少、或直接或间接,都会影响我们的工作状态。

我们在企业里工作,在社会中生活,天天都要碰到诸如夫妻吵架、同事争执、管理人员训话之类事情,这些事情实际上就是来自外界的刺激,这样的刺激或多或少、或直接或间接,都会影响我们的生理和心理,从而影响我们的工作状态。

作为打工特战队,我们要让自己始终保持一种良好的工作状态。而要如此,第一就是要抵制外界的负面刺激,第二就是要控制自己的负面情绪。归纳为一句话就是:控制我自己。

16.2 抵制外界负面刺激

来自外界刺激有物质刺激,有精神刺激,更多的是无意识刺激。不管是哪种刺激,都有正反两个方面,我们要防范的,是外界的负面刺激。

物质刺激主要是对我们的物质利益上的刺激(其实,所有的外界刺激都需要一定的物质来作中介)。获得了奖励,谁都会高兴,这是正面刺激。我们当然应当争取获奖,但事实上要获奖也并不那么容易,被扣被罚倒是经常发生的。即使获奖,也可能并不是绝对公平,自己得少了,就可能愤愤不平,引起负面情绪。因此,我们更要控制因被处罚、因不公平引起的负面情绪。一是要想得开,钱谁都需要,但不能斤斤计较;世上没有绝对的公平,不要遇事就争。二是要会想,“堤外损失堤内补”,奖金被扣了,多做工时找回来;此次被扣了,下次通过获奖补回来。三是不要把负面情绪带到工作中,一旦开动机器,一旦开始工作,先把那些不愉快的事抛到九霄云外去!如果开始工作了,你还在想那奖金的事儿,那就很可能因为分心,因为愤愤不平,造成思维短路、动作紊乱,从而引起质量问题。如果质量问题又很大的话,还可能因此再次被扣被罚,那才不划算哟!与其再次被扣被罚,不如把这样的负面情绪放到工作时间之外去发泄。

日常生活中,我们获得的精神刺激肯定比物质刺激更多更复杂。在企业里,受到表扬,当上先进,成了员工代表,是正面刺激;挨了批评,受了处罚,与同事发生纠纷,是负面刺激。上班挤车时和别人发生争吵,回到家里和老婆吵架,春节回家没能买到火车票,是负面刺激;子女考试得了

高分,商场购物买到便宜物品,在电视新闻里露了一个脸,是正面刺激。正面刺激当然能够让自己心情舒畅,且不论,关键在于要控制负面刺激对工作状态造成的影响。一是要在工作前宣泄负面刺激引起的心情沮丧或情绪愤怒,躲在无人处渲泄一下,也可和要好的同事聊聊天。二是一旦开始工作,就要尽可能忘记那些负面刺激,尽可能排除负面刺激造成的消极情绪对工作状态的干扰。三是开始工作后,心情过分激动又难以抑制,久久平静不下来,如果条件许可,干脆暂时停下工作,到一边休息休息,平静平静心态,免得造成重大质量安全问题。

物质刺激和精神刺激是对我们的意识进行的刺激,是我们能够意识到的外界刺激。但影响生理和心理的,还有很多没有或者难以意识到的刺激,这就是无意识刺激。例如,工作场地的灯光、色彩、环境空间、音响、温度、湿度等,工作时间的季节、气候、早晚(班)、上下午等,我们往往没有意识到却又同样能够引起生理和心理状态的变化,从而影响我们的工作状态。正常人在 100 分贝的噪声环境里工作,心情就可能变得烦躁。在车间墙上乱涂颜色,密密麻麻胡乱张贴,造成“色彩污染”,也会使人感到烦躁或郁闷。一些企业人为污染环境,高音喇叭、红绿标语、烟雾粉尘、废渣废水随处可见,走进车间就像走进垃圾堆,让人觉得难受。当然,改变环境要有一定的物质条件,不可能将矿工都安排到井外来,不可能杜绝野外工作的风霜雨雪等。其实,我们每个人都有很强的适应性。同样的外界刺激经历多了,很可能就引不起我们的生理和心理反应。所谓“习惯成自然”,所谓“入芝兰之室,久而不闻其香;入鲍鱼之肆,久而不闻其臭”,就是对这种外界刺激不再引起反应或强烈反应。

同样的外界刺激,对不同的人的生理和心理状态往往会产生不同的影响。就是同一个人,对不同时候的同样的外界刺激往往也可能产生不同的反应。个性心理特征良好,对外界刺激的适应能力就相对较强,特别是对外界的不良刺激或负面刺激往往就能够抵制,甚至能够及时排除。因此,我们要培养和锻炼自己,让自己有一个良好的生理和心理素质。这样,我们就能抵制外界的负面刺激,防止这样的外界刺激干扰我们的工作状态,影响我们的工作质量。

16.3 控制自己负面情绪

每个人都有正面情绪和负面情绪。工作中,我们无端受到不公正的指责和处罚,就会气愤;生活中,遇到突如其来的困难和灾难,就会郁闷;我们也可能莫名其妙地生气、发火、抑郁、伤感。

负面情绪往往直接影响我们的工作状态,因此要学会控制自己的负面情绪。

一是要消除紧张。环境不好、气氛非常、身体状况不佳、自身经验不足、工作难度太大、一旦出现差错后果影响严重,都可能引起紧张。这样的紧张一旦超出了生理所能承受的正常水平,人的生理和心理就难以维持正常的活动,就可能表现出心跳过速、组织智力活动吃力、动作失调,甚至浑身颤抖、难以自禁等现象。一旦发生这种紧张,工作难免不出差错。如果遇到这样的紧张,在条件许可的情况下,应立即停止工作,待紧张消除后再继续工作。

二是要防止过分疲劳。人的各种器官的运动都有一定限度,达到或超出这个限度,就会感到疲劳。引起疲劳的原因,可能是身体病变、睡眠不足、休息不好、情绪过度兴奋、性生活过度等。一旦疲劳,人体就可能产生各种消极体验,例如无力感、注意分散、反应慢、感觉失调、感知能力下降、动作不协调、记忆和思维发生故障、意志衰退、睡意强烈等,工作差错也就随时可能发生。疲劳时,最好能够暂时停止工作,想办法消除疲劳,否则一旦酿成重大安全和质量事故,损失更大。

三是要警惕情绪波动。情绪低落、情绪过分高涨、情绪不稳定、情绪紧张都可能引起工作差错。情绪低落,兴奋程度低,注意力就难以集中,难以发挥作用。情绪过分高涨,兴奋程度高,注意力就会难以转移,在需要注意力转移的时候就容易发生差错。情绪不稳定,注意力就会波动变化,这比低落和过分高涨还容易出错。因此,在情绪出现异常时,要特别警惕,要想办法让情绪平静下来再工作。

17 我的经验:过程检查

17.1 给自己一个质量保证

在 ISO 9000 中,所谓质量保证就是“致力于提供质量要求会得到满足的信任”。信任是一个心理学术语,也就是相信而敢于托付。人要活在世上,首先要信任自己,要对自己有信心。如果连自己对自己都不信任了,人也就无法活下去了。

在工作中,我们要信任自己,就要自己给自己提供质量保证。我们对自己加工出来的产品质量如何、合格与否如果没有一个把握,就会影响自己的信心,就会削弱自己对自己的信任,那心里就会忐忑不安,就会影响继续加工。为了消除这种忐忑不安的心理状态,就要通过对产品的检验,得到产品合格的信息。

如果有专门检验,我们加工一件,检验员就检验一件,那当然好。由检验员提供产品合格的信息,让我们悬吊的心放下来,于是就有了对自己的信任,继续加工也就可以顺利进行。但是,并不是所有的工序都有这样的检验。即使有,检验员一般也难以守着我们。况且,产品一旦交到检验员手中,往往已经加工完毕,如果真的存在质量问题,往往就要报废。因此,还是需要我们自己先进行必要的检验。例如车工,加工过程中总是经常用量具测量产品的尺寸。如果不测量,就不知道还需不需要继续切削,继续切削多少,继续加工就会感到无从下手,就会影响继续加工。

当然,我们可能不是车工,不需要那样经常测量。但是,不管做什么工作,过程中也需要经常进行必要的检查。即使扫地,也要时不时回头看看，是不是都扫到了，是不是扫干净了。同时，设备运转一段时间后是否出现异常，原材料是否出现新的问题，方法是否有可能改进，环境是否发生变化等，都应当适时检查一下。

这样的过程检查，就是我们给自己的一个质量保证。

17.2 磨刀不误砍柴工

的确，我们已经进行过工前检查，进行过“首件三检”，大体上也已经“知己知彼”，消除了疑惑，但在整个加工过程中，依然需要经常进行过程检查。

当然，相对于工前检查，过程检查可以简化，可以只针对结果，只针对加工出来的产品来进行。

不同的工作有不同的产品，过程检查的方式当然也有所不同。

例如在装配线上操作，不可能让其中某一位操作者停下来进行检查，可以由装配线的管理人员来进行过程检查，也可以由检验员来进行过程检查。如果哪位操作者突然意识到自己的操作可能存在问题，可能影响了产品质量，当然也可以采取适当的方式，譬如趁工间休息时间去检查一下产品，看是否存在问题。

例如是单独操作，车、钳、刨、铣、磨、焊之类，过程检查就显得更有必要了。

事实上，现代企业中相当多的操作，主要内容就是过程检查或过程检验。电视机装配过程中，当然要装配零、部件，但更需要不断地通电，检查是否存在问题，是否符合规定要求。不少工序，装配零、部件所需要的动作和时间，可能还没有检查的动作和时间多。装配线上的很多操作已经交给机器来完成，操作者要做的就是监视机器或者检查结果。

如果过程检查已经有相关规定，那就按相关规定来进行。不过，对大多数工作来说，可能没有这样的规定。没有规定，也需要我们经常进行过程检查。当然，检查的形式、检查的方法、检查的频率，不必强作要求，可以根据工作的性质和自己对自己的信任程度来确定。对加工出来的产品

(成品或半成品)进行检验是检查,回头看一看工作的结果(例如涂漆工作)是检查,暂停工作时想一想整个过程是否存在问题也是检查。

通过过程检查,可以发现问题,及时进行纠正,这样就可以消灭问题的苗头,防止出现大问题或成批问题。如果没有问题,就可以增强我们对自己的信任,可以更加放心大胆继续操作,完成任务。

虽然这样的检查可能耽误一点时间,增加一点工作量,但"磨刀不误砍柴工",总体上来说是很划算的,很值得的。

18 我对不合格:三不放过

18.1 怎样对待不合格

在质量控制中,航天器可能是控制得最严的。但不管是美国还是俄罗斯,也不管是欧盟还是中国,都曾发生过诸如升空爆炸、不能入轨之类的质量事故,损失动辄几十亿上百亿美元。这说明,控制再严,也难免出现质量问题。

企业那么大,过程那么多,人、机、料、法、环,采购、加工、检验、包装、运输,任何一个环节出毛病,都可能影响产品质量。对我们操作者来说,加工中,4M1E 都可能影响过程质量,从而导致不合格品出现。如果要分析,4M1E 中的每一个要素又包含着很多的因素。例如设备,就可能包括了机床、工具、夹具、量具、辅具;工具中还包括刀具,而刀具可能就有车刀、钻头、铰刀、丝锥等,每一种刀具又有不同型号、不同规格。不管哪个地方出了问题,都可能造成产品不合格。因此,出现不合格品的可能性也就难以完全消除。

当然,不同的工作产生不合格品的概率是不同的,有的高,有的低,有的经常出,有的只是偶尔出,有的甚至可以完全不出。

我们当然不愿意出现不合格品。但我们不是神仙,也不是机器,也可能因为种种原因,加工出不合格品来。其实,就是神仙,就是机器,也有出错的时候。一旦出错,不合格品就出来了。

不同的产品,有不同的质量特性,有不同的质量要求,不合格品的不合格情况也有所不同。有的质量特性一旦不合格了,就只有报废,不能再

利用;有的质量特性虽然不合格,但并不影响整个产品的质量,还可以利用;有的质量特性不合格,可以通过返工或者返修,让不合格变为合格。

作为打工特战队,出不合格品并不可怕,可怕的:一是隐瞒不合格的事实,把不合格品当合格品交到下工序,甚至交给顾客;二是经常性出不合格品;三是同类型的不合格重复出现;四是不合格问题太严重,或者批量太大,或者损失太重,或者无法弥补。

不管可怕不可怕,质量问题发生了,产品已经成型,不合格已经摆在那儿,后悔也好埋怨也罢,都已经没有意义,没有作用,问题在于我们怎样去对待。

对待不合格,我们要“三不放过”!

18.2 坚持“三不放过”原则

所谓“三不放过”原则,就是原因不查清不放过,责任不查明不放过,纠正措施不落实不放过。

出了质量问题,首先要分析原因,并找出主要原因。分析原因,必须实实在在,是什么说什么,不能用诸如“质量意识差”“粗心大意”之类话来搪塞。这样搪塞,等于没有分析。针对这样的原因,也难以制定切实可行并能真正见到成效的纠正措施。分析原因,还要找准,找具体。例如说“粗心大意”,就要问问:为什么粗心了?是疲倦引起的还是情绪波动引起的?等等。日本人创造的因果图、排列图等质量管理的工具,可以用来帮助我们进行原因分析。如果原因没找到,或者没有找准,就要抓住不放。否则,同样的问题、同样的不合格就可能重复出现。

其次要明确责任。不同的原因当然有不同的责任,作为操作者,我们不能把所有的责任全都揽到自己身上来。责任不明确,都让我们来承担,或者让有关的人员来共同承担,真正的责任人反而受不到教育,不能吸取教训,也难以避免下次再出同样的问题。当然,如果是我们自己的责任,那就要勇敢承担起来,不要含糊。此次出了问题,汲取教训,下次不出就是了。明确了责任,可能会受处罚,或者被扣奖金,或者被罚款,或者挨通报批评,也要正确对待。既然犯了错,就该勇于承担责罚。当然,从企业角度来说,如果责任人能够真正认识错误,从而激发出质量改进的动力,不处罚也是可以的。

分析原因、明确责任都是为了落实纠正措施。所谓纠正措施,就是“为消除已发现的不合格或其他不期望情况的原因所采取的措施”。也就是说,是针对不合格原因所采取的措施。纠正措施要落实,在制定时就要具体,就要明确为什么制定?要达到什么目标?在哪里执行?由谁来执行?何时开始执行?何时结束执行?如何执行?执行后的结果怎么验证?等等。特别是要明确由谁来执行。如果是我们自己来执行,认真执行就是了。如果是其他人来执行,我们就要积极配合,对执行过程进行必要的监督、检查和控制,并对结果进行必要的验证。否则,措施就不能叫做落实,那措施很可能只是纸面的或无效的东西。如果措施无效或有效性不足,我们还可以要求管理人员和技术人员出面,重新分析原因,重新制定措施,一直到同样的质量问题真正得到解决为止。

只要出现质量问题,只要出现不合格品,一定要坚持“三不放过”原则。只有这样,工作中遇到的质量问题才能一个个解决,我们的过程质量才能不断得到改进,加工的产品才能保持更高的合格率,打工特战队的大旗才能高高飘扬!

18.3 积极对待不合格品处理

现在来说说由于我们自身原因造成不合格品后的心理过程。

首先看图 18 - 1。不合格品处理一般可以分为三个阶段:一是发生阶段;二是处理阶段;三是继续生产阶段。在这三个阶段里,我们可能会出现不同的心理。

没有谁愿意生产不合格品,愿意出质量事故和质量问题。当不合格品出现后,我们的第一个思想反映就是:“糟糕!”从而产生失悔。这是第一阶段操作者的典型心理。

在第二阶段里,开始时可能产生过关思想,可能有抵触情绪。如果企

业制度不健全，失悔心理就可能被无所谓的心理所替代，把废品一丢，重做一个；也可能把废品丢进合格品中，给质量带来更大的隐患。在制度健全、奖罚过硬的企业，由于把关较严，可能因为怕扣钱、罚款、挨批，想方设法混过关。如果混不过，可能又会产生硬着头皮挨批挨罚的过关思想。这种过关思想往往就会影响我们去具体查找不合格品产生的原因。为了过关，也可能检讨，用“质量意识不强”“粗心大意”之类的套话掩盖对具体原因，特别是心理原因的分析，因此不能真正解决问题。当过关企图失败后，又很容易产生抵触情绪，或者对抗，公开争吵，不欢而散；或者沉默，不理不睬，等待处罚。由于抵触，原因查不清，措施缺乏针对性，也就难以保证今后不再发生类似问题。

对我们打工特战队来说，上面这些心理都是消极的。我们应当跨越过关思想和抵触情绪，直接采取积极的态度来对待不合格品，通过查找原因、落实责任、制定措施，将不合格品这件坏事变成好事。这样，我们就能够心情舒畅，或返修，或继续生产，进入不合格品处理的第三阶段。

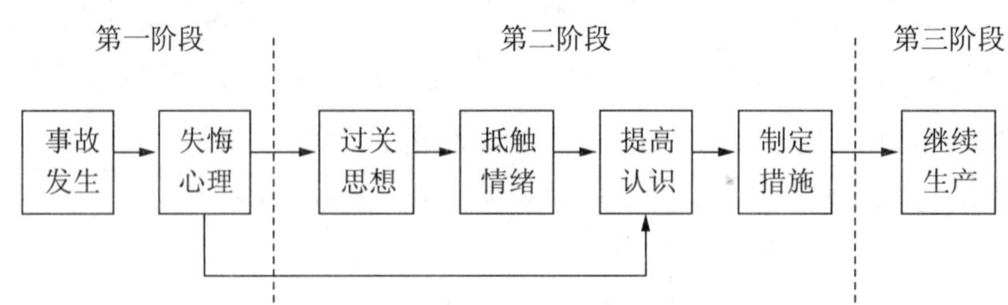

图 18－1　不合格品处理的心理过程

19 我的护身法宝：标识和记录

19.1 在需要的场合做好标识

如果去西安看过兵马俑就会知道，在每个兵马俑底部都留有制作工匠的名字。这是我国古代的一种质量管理制度，叫做"物勒工名"。如今我们去商店买东西，也要看看产品或产品包装，看看产品或产品包装上有没有生产厂家，有没有质量安全标志，有没有合格证。可以说，这也是由古代的"物勒工名"发展而来的。

我们在工作过程中，也需要"物勒工名"，也就是要对自己生产出的产品进行必要的标识。这样的标识，一是显示自己生产的产品质量好，避免把别人生产的和自己生产的产品混淆在一起，分不清责任；二是表示对自己生产的产品负责，有了质量问题包修包换；三是提醒自己，哪些是已经加工了的，哪些是还没有加工完毕的，哪些是合格的，哪些是有问题的，等等，避免因自己一时记错而混淆。

有了标识，即使质量问题后来才发现，也能够进行追溯，把有质量问题的那一批产品查出来，单独进行处理。否则，只有把全部产品都进行筛选，费时费力！

当然，并不是所有的人都需要这样标识。例如，在装配线上进行集体操作，一个人只负责一个很简单的操作，就不需要每个人都去标识了。又例如，加工的产品单一，别人也好自己也好，都不可能弄混淆，也不需要标识。

但是，以下几种情况就要标识了：一是按规定需要进行标识的；二是

正在检验和试验的产品要标识，以防止混批、混料、漏工序、漏检；三是不合格品要标识，防止与合格品混在一起；四是某些特殊情况要标识。当然，如果对自己生产成果很看重，其他情况也可以标识。

标识的方法越简单越好。贴一张标签，放一块标识牌子，在产品适当部位写几个字或打一个印记，都可以。具体怎么标识，要看企业怎么规定，还要看产品的具体情况，总之要以能够防止混淆为原则。

特别是不合格品一定要标识，要防止不合格品混到合格品中。一旦弄混了，事情就更复杂了。如果流转下去，甚至流转到顾客手中，很可能引起麻烦，甚至造成重大质量事故。有一家兵工厂生产的大炮已经装上军舰，试验中出了问题。厂里派人去检查，才发现炮上一个零件竟然是废品。原来，那个零件报废后，没有标识，被无意中装到大炮上了。想想，如果打起仗来再出问题，后果很严重！

因此，在需要进行标识的场合，一定要做好标识，不让别人混淆，也不让不合格品混入合格品，这样我们就有了一个护身法宝。

19.2 用记录来保护自己

全面质量管理要求用事实和数据说话，对于已经发生了的事，事实靠什么来证明？数据来自何处？只能是质量记录。产品万一出了什么问题，我有记录在案，有证据在手，可以证明我“无罪”。

当然，记录什么，怎样记录，不同的工种肯定是不同的。企业有规定的，要按照规定进行记录，认真填写相关的表格。要严格按照实际情况来记录，你怎样做的就要怎样填写，是怎样的情况就填写怎样的内容，不要随意编造，也不要随意修改，更不要无中生有。要求填写数据的，就一定要填写数据，不能随随便便就用简单的符号或“合格”两个字来代替。而且，还要在表格上用全名签章，不能用代号或姓氏代替。这样的记录一般都要归档保管，不能随便丢弃、遗失、损坏、污损。如果记录表格有编号，还要按编号顺序收集归档。如果有遗漏还要查明情况，写出说明并附于其中。有了这样的记录，随时随地都可以为自己提供“客观证据”，要评选先进,要当质量标兵,也就有了客观的依据。

即使企业没有规定这样的记录,或者在做好这样的记录之外,我们也要找一个本本什么的,做好工作记录。例如,每天下班前记一下当天的工作情况,总结一下成绩和经验教训之类。工作记录一定要记录工作中出现的异常情况,例如某日交到我手上的原材料没有合格证,汇报后并未更换原材料。这样的事就一定要记下来,是哪个管理人员说的,怎么说的,我是怎么回答的,有哪几个人见证,加工过程中出现什么问题,可能产生什么后果,等等。万一因为这批原材料不合格出了重大质量问题,责任追究下来,我有记录可查,有证人可以证明,责任就一清二楚了。如果没有记录,自己也想不起来了,责任也就分不清了。每天花一两分钟做好记录,是非常重要的。

19.3 养成记录的习惯

记录不仅可以保护我们自己,而且可以用来改进质量、改进工作。企业规定的那些记录,有具体的质量数据,往往反映了产品质量的波动情况。定期对这样的记录进行分析,可以发现可能存在的问题,为我们进行质量改进提供依据。在分析这些质量记录时,还可以发现我们的工作质量,例如某段时间产品质量下滑,想一想那是为什么,是不是那段时间自己的情绪特别不好,烦躁或郁闷,或是家庭发生矛盾,或者天天和朋友玩得太晚等。这样,就可以在遇到类似情况时提醒自己,多加注意,防止出现重大问题。

如果养成了每天记录的良好习惯,几年下来,就可以积累厚厚几本记录本。没事的时候翻一翻,不仅是一种乐趣,而且可以为我们总结经验教训提供原始素材。同时,这样的记录还可以让我们养成用事实和数据说话的习惯,减少诸如“大概”“好像”“也许”“差不多”之类的语言,提升自己的逻辑思维能力。

因此,我们要养成记录的好习惯。

20 我的环境:始终保持良好

我们总是在一定的环境中工作。工作环境包括自然(物理)环境和人文环境两个方面,这两个方面的环境都可能影响我们的生理和心理状态,从而影响我们的操作,影响我们的工作质量。因此,一定要保持良好的环境。

20.1 改善与同事的人际关系

先说人文环境。我们生活在一定的社会环境中,上有父母,下有子女,还有朋友、同事等。如果我们所在的企业人际关系紧张,不是张三和李四吵架,就是王五与刘六斗气,即使我们没有陷进去,也会影响我们的心情,影响我们的工作。

一般来说,我们所需要的企业人文环境,其内容包括多个方面:一是要有一种以质量第一为宗旨的氛围;二是要有一种人人争先进、可以充分发挥我们创造性的氛围;三是要有一种严格遵守各项规章制度、严格按规定办事的氛围;四是要有一种热爱企业、热爱岗位、努力工作的氛围;五是要有一种团结、协作、友好、互助、同心协力办事的氛围。所谓氛围,就是企业里的大多数人都认可的、都这样做的,谁不这样做,就可能受到大家的责备或干涉。

要形成这样的氛围,要建立这样的人文环境,当然需要老板和管理人员做表率,还需要企业通过开展各种形式的活动,包括对做得好的员工给予奖励来推进,来完善。作为打工者,那是我们无法控制的。我们可以做的,主要是和同事处好关系。

一是要和管理人员(包括技术人员)处好关系。管理人员也是打工者,只不过他们有文化、有经验,不直接进行操作,我们是在他们的管理下工作的。所谓管理,就是决策、计划、组织、领导、监督、控制。一方面我们要服他们"管",另一方面他们要我们配合才能管好。双方关系处好了,很多问题就迎刃而解了。

二是要和检验人员处好关系。这个我们前面已经说过,一句话,"他把他的关,我搬我的砖",只要我们的产品质量过硬,再刁钻的检验员也拿我们没办法。不过,和他们处好关系,交个朋友,总是好事。

三是要和其他操作者处好关系。由于认识上的分歧和个性上的差异,再加上一些客观因素,我们和同事之间可能有亲疏远近之类的差别,有时也可能发生矛盾纠纷。如果我们和同事长期不团结,一上班就争吵,我们还能心平气和地工作吗?因此,一定要和同事处好关系。小事让一让,矛盾就闹不起来。不搞小集团,不搞小动作,不搞"窝里斗",有事明说,反而可以让他人信服你。如果能以德报怨,能给同事一些帮助,给上道工序解决一点困难,给下道工序一点方便,把质量问题解决在苗头,那就更能让他人敬佩你了,你的人际关系也就能够帮助你更好地控制质量了。

20.2 让物更好地为我们"服务"

走进车间,遍地垃圾污水,灰尘烟雾弥漫,零件到处堆放,满眼乱七八糟,还有噪声刺耳,任何人也不会有一个好心情,甚至可能影响到我们的操作,引发质量安全事故。不管做什么工作,都要有一个良好的环境,符合工作对环境的要求。这是企业应当具备的基本条件。

我们能够控制的,是自己的操作环境。例如车工,就是车床、工具箱及其附近那一块面积。让自己的范围保持整洁,门窗明亮,道路通畅,各种物品摆放整齐,随手可取,不仅便于自己操作,不让操作的程序化受到干扰,而且可以有效防止产品碰撞、划伤、挤压、变形,可以有效避免混料、混批,可以防止不合格品混入合格品或流入下道工序,从而消除因这些因

素引起的质量问题,确保产品质量。环境改变了,还可以减少许多不必要的动作,减轻劳动强度,提高工作效率,甚至还可以消除危险因素,实现安全生产。

不管什么操作,总需要人来进行,需要人去移动、控制、改变相关的"物"。物是我们工作的工具或对象,是为我们服务的。为了让物更好地为我们服务,就要让物"听"我们的"话",也就是让物更好地和我们结合。

人与物的结合状态,对操作的质量和效率有着至关重要的作用。一般来说,人与物的结合状态可以分为以下三种。

A 状态:也就是人与物能够立即结合,人能够随手得到物。例如,装配线上的零部件就应当处在 A 状态。有时候,物虽然与人处于分离状态,不能随手可得,但如果通过相应的信息媒介物(例如台账、标签之类),使人可以迅速与物相结合,也属于 A 状态,例如库房管理的物品就应当处于这样的状态。

B 状态:也就是人与物不能立即结合,需要人去寻找。例如,我们的工具箱如果杂乱无章,放在里面的一个钻头,就需要我们去寻找才能取出来。此外,处于 A 状态的物品,例如工具,虽然随手可得,但拿出来却是坏的,需要修理,也是 B 状态。

C 状态:也就是人与物处于无关的状态。这样的物对我们的工作没有任何用处,甚至妨碍我们操作,给我们造成麻烦。例如,报废的零件、损坏的工具、垃圾和杂物之类。

要改变我们的操作环境,首先就要清除处于 C 状态的物品;其次要整顿并改善处于 B 状态的物品,使之尽可能达到 A 状态;对 A 状态的物品则要保持下去。

当然,工作场地及工具箱之类毕竟有限,不可能让所有的物品都处于 A 状态。那些不经常使用的物品,让其处于 B 状态也无妨。随着时间的推移和工作的改变,一些属于 A 状态的物品也可能不再需要随手可得,也可以让其归于 B 状态。但不管怎么说,那些属于 C 状态的物品,一定要经常清理。

为此，就要做到“5S”。

20.3 做好“5S”

日本人创造的定置管理，也就是“5S”，是我们打工特战队的一大法宝。

所谓定置管理，就是对工作现场进行整理、整顿、清扫、清洁、素养的一种科学管理方法，是保持良好工作环境的重要管理内容。

定置管理的具体内容就是“5S”：

整理(Seiri)：将工作场所的物品区分为要用的与不用的，现场只保留必需的物品。这样，就可以清除现场的杂物，保持道路通畅，改善和增加自己工作的面积，减少产品磕碰的机会。

整顿(Seiton)：要用的物品按规定的位置摆放整齐有序，最好还要有标识。这样，可以随时取用，不必浪费时间去寻找，也就可以提高工作效率，防止混放、混料等质量问题。

清扫(Seiso)：清除不要的物品和工作场所内的脏污垃圾。这样，始终保持自己的工作地干净、明亮，至少也可以给自己一个好心情。

清洁(Seiketsu)：天天坚持整理、整顿、清扫，维持其成果。这样，就能为自己创造一个良好的工作环境，让自己愉快地工作。

素养(Shitsuke)：养成严格遵守规章制度的良好习惯和作风并坚持下去。这样，我们就能提高自己的修养，对任何工作都能依规行事，都认真负责，这也是“5S”活动的核心。

其实，不仅工作场所要这样，就是自己家里也需要“5S”，经常整理、整顿、清扫，保持清洁、整洁，给自己一个好环境，给自己一个好心情。而且，做好“5S”，还可以避免和消除产品磕碰、划伤、生锈、腐蚀、污染、发霉等问题，也可以更好地维护设备、工具、夹具、模具和计量器具，使其保持完好状态。

小结　我的工作程序图

我们可以用下面这幅图来对本篇的内容做一个小结。

我们做任何事情，都要有一个指导思想，有一个目标。指导我们工作的思想就是质量方针，我们工作要达到的目标就是质量目标。在质量方针指引下，我们打工特战队运用我们的“七步战法”，坚持做好准备工作，坚持程序化操作，严格遵守工艺纪律，努力控制自己的工作状态，加强过程的检查检测，做好标识记录，养成清洁习惯，我们生产的产品肯定能够保证合格，我们所定的质量目标也就能够实现。万一出现不合格，我们坚持“三不放过”原则，也能将质量损失降至最低，确保质量目标不受严重损害。

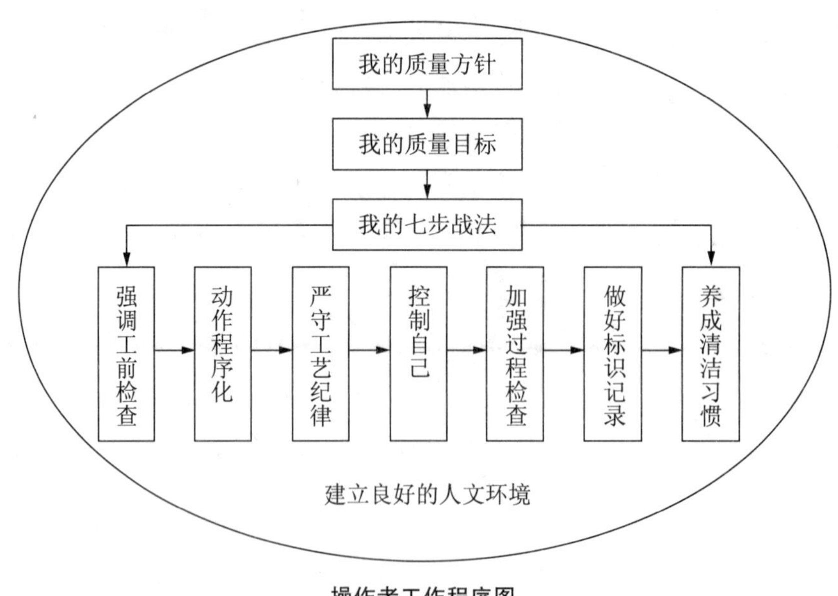

操作者工作程序图

改 进 篇

打工特战队之“特”，不仅“特”在用“七步战法”确保产品合格上，而且还“特”在坚持不懈地进行质量改进上。

为了减轻我们的劳动强度，为了提高工作效率，为了提高产品质量，我们总是睁着眼睛寻找着那些可能影响过程质量的问题，然后挥舞着质量改进的十八般武艺，分析问题存在的原因，采取纠正和预防措施，一个个地把问题解决掉，持续不断，永无止境。

通过持续改进，锻炼了我们的意志和能力，展示了我们的聪明才智和人生价值，也为我们争取更高的收入奠定了基础。

打工特战队，改进，改进，永远向前进！

21 质量改进不停步

21.1 我们要参与质量改进

首先要说明,质量改进不是我们必须尽的职责,不是我们分内的事。我们把分内的事做好了,能够完成生产任务,产品质量能够满足合格的要求,我们就已经尽到了自己作为操作者的职责。

但是,质量改进毕竟与我们相关。参与质量改进,可以给我们带来相应的利益,可以展示我们的能力,因而我们也应当参与质量改进,主动积极地去改进自己的操作,改进自己的操作过程,改进产品质量。作为打工特战队,改进对质量的意义巨大,我们不能袖手旁观,应当主动积极参与到质量改进之中去!

所谓改进,就是改变旧有情况,使其有所提高、有所进步。我们要提高,我们要进步,就要改进自己。因此,质量改进也包括改进我们自己。

在 ISO 9000 中,质量改进被定义为"质量管理的一部分,致力于增强满足质量要求的能力"。不管是哪方面的要求,都离不开人的参与。特别是产品质量要求、工作效率要求之类,更离不开我们操作者的参与。也就是说,改进的一个极其重要的内容,就是提高我们的能力,我们当然要参与。

在全面质量管理的理论中,质量改进是最有生命力的概念。ISO 9000 把持续改进列为质量管理的八大原则之一,要求企业通过各种形式,不断制定改进目标和寻找改进机会。

不管是产品还是过程,不管是企业的质量管理体系还是我们个人的

操作,不可能总是完美无缺的,总会存在这样那样的问题。即使不存在问题,“逆水行舟,不进则退”,你不改进,别人在改进,你就会落后,就会被淘汰。通过质量改进,可以提高产品质量,可以提高工作效率,可以降低成本,可以消除工作中的障碍,可以减轻我们的劳动强度;而最重要的,通过参与质量改进,可以增加我们的质量知识,可以提升我们的能力,可以为我们做贡献、求进步、争先进、获奖励创造机遇,可以增强我们的自信,可以给我们带来成就感。

趋利避害是人的本性。作为操作者,我们天天上班,像机器一样操作,单调、乏味、辛苦、劳累,肯定都想尽可能减轻劳动强度,尽可能增加工资收入。通过质量改进,包括对我们的能力进行改进,我们才能减轻劳动强度,才能提高工作效率,从而获得更多收入。事实上,人类诞生以来,就是在不断的改进中发展起来的。没有这样的改进,我们可能还待在森林里,还没有摆脱原始人的状态呢!

21.2 纠正措施与预防措施

质量改进可以在不同层次、不同范围、不同阶段、不同时间、不同人员中进行。对于操作者来说,我们要改进的,主要是我们生产的产品和生产产品的过程。不同的质量改进对象,可以采取不同的改进措施。

当产品、过程和操作之类已经出现缺陷或不合格之后,就要采取纠正措施。所谓纠正措施,就是“为消除已发现的不合格或其他不期望情况的原因所采取的措施”,针对的范围往往较小。一旦纠正措施到位,缺陷或不合格就可以立即消除。这样的质量改进,我们可能天天都在进行着。例如,上班时我们打开电源,设备却没有启动,经检查发现是保险跳闸,于是采取纠正措施,把电闸重新合好,设备就正常运行了。

在发现产品、过程和操作之类可能发生缺陷或不合格之后,就要采取预防措施。所谓预防措施,就是“为消除潜在不合格或其他潜在不期望情况的原因所采取的措施”,针对的范围往往也较小。纠正措施是问题已经出现后所采取的措施,预防措施是问题可能出现但还没有出现所采取的措施，因而可以避免问题的出现。这样的质量改进，我们可能也是经常在进行着的。例如，早上起来看到天上乌云密布，可能要下雨，于是我们用塑料布将产品包好才外送，防止其在运输中因淋雨而损坏。

事实上，我们所说的质量改进，不会像这样简单。有组织有准备进行的质量改进，其针对的问题，往往都很复杂，需要我们通过检测、检验、统计、调查、分析才能把握。即使问题找到了，其原因更需要通过一定的技术手段或集思广益，去分析，去寻找，才能找准。但是，不管怎么说，任何质量改进，都离不开采取纠正措施和预防措施，只不过绝大多数质量改进都需要采取一系列这样的措施才能消除问题的原因，达到质量改进的目的。

21.3 持续改进

ISO 9000 要求的是持续改进。所谓持续改进，就是不断地制定质量改进目标和寻求质量改进机会，不断地进行质量改进，这是一个没有终点的循环活动。

一般来说，纠正措施和预防措施都是针对某一个具体的问题，问题解决后，这一过程也就结束了。持续改进则是一个持续的过程，是一次一次不断进行的过程，是包含了若干个纠正和预防的过程，绝不是也不可能"毕其功于一役"。

持续改进在大多数情况下都是积极地、主动地行动，而不只是消极地、被动地进行。纠正措施也好，预防措施也好，往往都是质量出了问题或可能出现问题后才采取的行动，可以说是一种"防守"，而持续改进则是一种"进攻"。

对于我们打工特战队来说，不能仅仅只是"防守"，而要积极、主动进攻，也就是要主动去发现问题，去寻找可以进行质量改进的地方，去把握主动进行质量改进的机会，展示我们特战队的风采。这样，就不仅仅是改变不足、消除差错、纠正错误，而是要去发掘我们的长处，促进我们的产品和我们的工作出现一个崭新的状态。

21.4 改革创新

在持续改进的基础上，我们还要争取改革创新。所谓改革创新，就是指新产品、新过程、新方法、新体制、新设备等的创造策划直至实施的全局性的改进活动，它可以使整个企业产生飞跃性的变化和发展。

当然，这样的目标可能太高、太大，也不是我们操作者能够独自完成的。但是，只要我们有信心，善学习，肯实践，不怕挫折和失败，我们也可以创造奇迹。青岛港有个工人叫许振超，只有初中文化，他通过自学，苦练技术，不断参加技术革新，不断进行改进，练就了“一钩准”“一钩净”“无声响操作”等绝活，带出了“王啸飞燕”“显新穿针”“刘洋神绳”等一大批具有社会影响的工作品牌。他带领的团队先后6次打破集装箱装卸世界纪录，使“振超效率”扬名四海，他也成为了世界一流的技术专家。作为打工特战队，我们要把他当做自己的榜样！

我们不可能一步登天，改革创新离不开持续改进。只有坚持持续改进，才有可能改革创新。当持续改进使产品、过程和管理达到某一临界点时，就可能做到改革创新。

纠正措施、预防措施与持续改进、改革创新对照如表21－1所示。各种形式质量改进关系见图21－1。

表21－1　纠正措施、预防措施与持续改进、改革创新对照表

项目	定义	性质	适用范围	主要方法	作用或效果
纠正措施	为消除已发现的不合格或其他不期望情况的原因所采取的措施	往往是一个短期的过程	在已发生的缺陷、不合格领域内进行，每一项纠正措施针对的范围往往较小	分析原因，采取相应的措施	减少损失，提高有效性，使系统得以保持正常状态
预防措施	为消除潜在不合格或其他潜在不期望情况的原因所采取的措施	往往是一个短期的过程	在可能发生的缺陷、不合格领域内进行，每一项预防措施针对的范围往往较小	识别潜在的不合格，分析原因，采取相应的措施	提高有效性，使系统得以保持正常状态

表 21 - 1(续)

项目	定义	性质	适用范围	主要方法	作用或效果
持续改进	增强满足要求的能力的循环活动	纠正错误或发扬长处，是没有终点的循环活动	在已发生、可能发生的缺陷、不合格领域以及可能改善的领域内进行，由大大小小的若干项目组成	领导带头，全员参与，持续不断	提高有效性和效率，减少质量损失，使系统得以改善
改革创新	涉及全局性的、飞跃性的改进活动	发掘长处，往往是一个短期的过程	在全局性领域内进行，一旦进行就可能涉及整个组织，要求上上下下均进行相应的改变	创造性策划	使系统产生飞跃性的变化

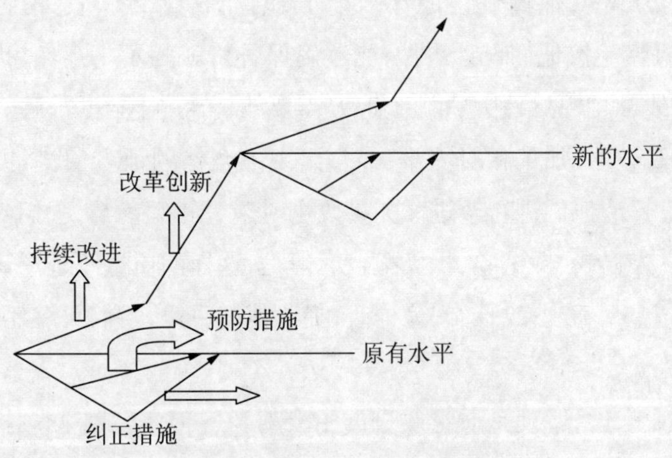

图 21 - 1　各种形式质量改进关系图

22 改进什么

22.1 我们改进的主要对象

对于我们操作者来说，质量改进的主要对象不是产品本身。产品是技术人员设计的，他们设计成什么样子，设计成什么水平，我们只需要"依样画葫芦"，按他们设计去做，能够确保合格就是了。当然，我们处在生产第一线，对产品最熟悉，哪个地方需要改一改，可能更了解。特别是对那些故障较多、加工相对困难、经常出现不合格的地方，我们可以向技术人员提出，请他们进行改进。如果改进时邀请我们参与，我们当然可以参与，可以提建议、做试验，积极配合。但是，这样的质量改进毕竟是以技术人员为主，改不改，改什么，怎样改，都由他们决定，我们只有建议权、参与权。

对企业来说，管理是质量改进的主要对象。但是，我们不是管理者，企业的方针、目标、程序、执行及记录，企业的组织机构、权力系统、沟通网络等，我们往往难以介入，甚至没有发言权。对管理进行的质量改进，主要责任是老板，是管理人员，而不是我们操作者。当然，作为被管理一方，我们对管理中存在的问题感同身受，感受可能更深，要求改进的愿望可能更大，我们也可以提出质量改进的建议。如果管理的问题的确很大，而管理人员又坚持不改，我们还可以向上级、向老板报告，要求改进。如果管理人员邀请，我们也可以参与改进，积极配合，在改进过程中发挥作用。

我们要改进的对象主要是我们的操作过程，所谓操作过程，实际上就是我们在一定的环境条件中，按一定的方法（工艺），通过操作（包括操作设备),对原材料进行加工的过程。作为人,我们才是过程 4M1E 要素中最重要、最根本、最不可缺少的要素。操作需要我们付出劳动,过程存在问题,需要我们付出更多的劳动,因此我们对过程的改进也最有愿望。我们要提高的质量主要是过程质量。通过改进过程,通过提高过程质量,我们可以减轻劳动强度,可以减少不合格,甚至可以节约原材料从而降低消耗。虽然过程诸多要素都是技术人员和管理人员规定的,但我们才是过程的直接参与者和直接控制者,对过程存在的问题最清楚,最有发言权。

22.2 过程改进的重点

过程涉及的 4M1E 要素都是我们进行质量改进的对象,其重点一是“人”,二是“法”。

首先是对“人”,也就是对我们自己进行改进。我们的生理条件,例如身高、体重、外貌之类以及感觉器官,是爹妈给的,肯定难以改进,且不论。但影响过程质量的,主要是我们的质量意识、质量能力和心理状态,这些心理因素可以通过接受教育、强化训练和加强控制来改变,也就是说,是可以进行改进的。这样的改进,既可以由企业或管理人员发起和主导,我们认真接受来进行,也可以由我们自己主动改进来进行。而且,这样的改进还可以经常进行。质量意识和质量能力的提升没有止境,心理状态的控制更是天天都需要的,因此,对自己进行的改进也是可以经常进行的,没有止境的。

其次是对“法”,也就是对方法(工艺)的质量改进。通过实际操作,我们可能发现工艺规定的程序可能存在的不合理;设备、原材料或环境变化了,原有的工艺方法可能也需要跟着改进;有了新的技术、新的工艺,对原有的工艺方法进行改进,可以提高质量和效率等。一般来说,过程改进,主要体现在对方法进行的改进上。有时改进一下操作程序,或增加一个工装(例如增加一个夹具或辅具),过程质量和效率就可以大大提高。事实上,对于我们打工者来说,质量改进的主要对象就是对工艺方法的改进。

当然,对工艺方法的改进不能擅自为之,必须经过批准。我们前面说过,必须严格遵守工艺纪律,其中最重要的一条就是严格按规定的工艺规程加工。表面看起来,对工艺方法进行改进与严格遵守工艺纪律相当矛盾,其实二者在一定的前提下又是统一的。在工艺规程允许的范围内进行改进,例如在钻孔时我们设计一个辅具,减轻了劳动强度,提高了钻孔质量,这并不违反工艺纪律。即使质量改进超越了工艺规程的规定,或者我们有更好的工艺方法,可以提出来,经过试验,经过管理人员和技术人员批准,经过对工艺规程进行更改,然后实施,这也没有违反工艺纪律。也就是说,质量改进要经过一定的程序,经过批准,不能借口质量改进,随心所欲去违反工艺纪律,随意按自己的一套方法去加工。

过程的其他要素,例如“机”、“料”、“环”也可以进行改进,但那往往涉及增添或改进设备、改变原材料和优化环境条件,这种改进往往需要企业投入,不是我们能够控制的,更不是我们说改就能改的。我们可以提出质量改进的建议,甚至可以强烈要求,但改不改,改什么,怎样改,依然不是我们能够决定的。事实上,不管什么样的质量改进,如果老板和管理人员不重视,如果企业没有一个良好的讲质量、讲改进的氛围,往往会遭受重重阻力,更不要说对“机”、“料”、“环”进行质量改进了。

22.3 怎么入手去改进

我们进行质量改进,不是为改进而改进,而是为了提高过程质量和效率、减轻劳动强度、降低消耗、节约成本而改进的。因此,任何质量改进都应当针对存在的问题来进行。我们所说的问题,一是需要加以解决的矛盾或困难,二是出现的事故或意外,都是负面的意思。一般来说,工作中总有这样那样的问题,需要我们去解决。解决问题的过程,往往就是质量改进的过程。

我们要改进的问题,可能是产品质量和过程质量出现的意外、故障或缺陷等情况,也可能是在加工效率或成本消耗(包括劳动消耗)等方面不能满足需要或期望等情况。产品存在缺陷、产品不合格或合格率不达标,某项质量特性值不稳定、顾客(包括下工序)提出的有关产品质量的意见、某种原材料或工具消耗太大、操作太麻烦或太累、生产的产品(包括零部件)不能满足企业或市场需要等,都是问题,可能都需要我们进行质量改进,把这样的问题解决掉。

从问题入手进行质量改进,就要围绕问题来进行。首先就要明确是什么问题,然后通过分析问题的原因,抓住主要原因,消除问题的原因,从而解决问题。例如,我们在装配线上加工某产品,某个零件经常出现装配不到位的现象。通过分析人、机、料、法、环 4M1E 要素后发现,主要原因是加工方法不对,如果先装这个零件,就可以消除不到位现象。经过多次试验,决定改变工序或工步,同时提高该工位操作者的技能,这个零件装配不到位的情况就消除了,问题得到解决,质量改进获得成功。

23 克服改进阻力

23.1 我们为什么会抵制改进

说实话，不管进行什么样的质量改进，都可能改变我们的操作习惯，可能让我们积累的操作经验失去用武之地，甚至可能加大我们的劳动强度或者提高对我们质量能力的要求。因此，很多改进，特别是技术人员和管理人员强加给我们的那些改进，可能是很不利于我们操作的。因此，从内心来说，我们对质量改进往往不是心甘情愿的，往往存在着心理上的阻力。如果质量改进影响了我们的切身利益，我们就可能加以抵制。

首先，质量改进改变了现行的程序和方法，使我们感到麻烦。如果这种改变引起了我们的工作变动，甚至增大了劳动强度，而企业又不进行适当的补偿，就很容易产生抵制行为。事实上，相当多的质量改进都可能存在这种情况。极个别的质量改进还可能引起所需人员的减少，使我们面临失业的危险。

其次，一旦质量改进取得成效，管理人员往往就会给我们加大工作量，就是在任务上"紧螺钉"。质量改进不但没有给我们带来实际利益，反而增大了劳动强度，所以容易产生反对质量改进的想法。

再次，我们参与质量改进，肯定要付出很多的额外劳动，如果得不到补偿或报酬，为什么要去参与呢？质量改进毕竟不是打工者必须履行的职责，没有适当的奖励，没有适当的报酬，就免不了采取袖手旁观的态度。

因此，我们打工特战队把质量改进写在我们的质量大旗上，是有一个前提的，就是老板和管理人员要支持我们改进，鼓励和奖励我们改进。

23.2 我们的改进动力

当然,没有老板和管理人员的支持,我们也需要质量改进。质量改进毕竟与我们的操作(也就是与我们的劳动)密切相关,通过质量改进可以改善我们的劳动条件,减轻我们的劳动强度。即使老板和管理人员不支持,只要不违反工艺纪律,我们也可以对过程进行必要的改进。例如,我们通过提升自己的质量能力,让操作更加顺手,不出故障,原来要试好几次的操作,现在一次就能成功,这就减轻了劳动强度。别人一天只能做10件,我们一天可以做15件。即使不是按件计算工资,我们也可以早早完成任务,多获得休息时间。

不过,绝大多数企业还是重视质量改进的,都制定有相应的奖励办法。在这样的企业里,通过质量改进,可以获得奖励,增加收入。更重要的是,通过质量改进,提高了产品质量,提高了工作效率,可以展现我们的能力,可以提高我们的自信,让老板和管理人员刮目相看,让我们有一种成就感。对我们打工特战队来说,这才是最重要的。

实际上,像青岛港“金牌工人”许振超那样的工人,几乎每个地方每个企业都有。例如,被誉为“蓝领专家”的天津港工人孔祥瑞、在解决铁路电气施工技术难题中做出突出贡献的中铁一局电务公司工人窦铁成、被誉为“抓斗大王”的上海港工人包起帆、攻克牛仔布染色不稳定等世界难题的江苏黑牡丹(集团)公司工人邓建军等。我们虽然不能全都像他们那样成功,像他们那样耀眼,但他们是我们的榜样。通过不断质量改进,积累经验,提升才干,我们同样可以让自己的人生放出异彩。

作为操作者,我们可能都有一种自卑情结。与那些“高富帅”相比,我们没有文凭,也不能“拼爹”,缺乏资源。但是,我们也长有一个脑袋,我们天天都在做同样的事情,对我们的操作过程了解得最深,因此对质量改进往往具有强烈的愿望。只要我们学一些相关知识,掌握一些质量改进方法,就可以进行质量改进。虽然开始时改进的地方和改进的成效可能微不足道,但只要坚持,积小胜为大胜,我们也能够创造出我们的辉煌,我们的自卑也就可以转化为自信。

为了取得成果,为了受到表彰和尊重,为了实现某种抱负和理想,这就是我们质量改进的心理动因。这样的动因,可以引导我们去战胜心理阻力,去克服外界困难,去取得一个又一个质量改进成果,去实现我们的人生价值。

23.3 积极参与改进

我们既存在对质量改进的心理阻力,又存在质量改进的心理动力,克服二者之间的矛盾,是我们参与质量改进的先决条件。

质量改进之前的心理阻力主要表现在看不出需要进行改进的地方,这往往与保守思想相关。保守思想严重的人,总认为现在一切都好了,总喜欢拿现在与过去比,“忆苦思甜”,心满意足,根本不去或不愿意去发现问题,问题当然也就发现不了。要克服保守思想,最主要的是增加新的参照系。“不比不知道,一比吓一跳。”可以通过听取顾客意见、外出参观、学习先进经验、举办产品对比展览和废品展览来发现存在的质量问题,克服自满自足思想。

质量改进中的心理阻力主要表现为怕麻烦。改进就是要改革现有的工作秩序,包括对人、机、料、法、环等各种要素进行变革,这就有大量工作要做。要改进,首先要分析问题的原因,然后要针对原因采取措施,而任何一项措施都需要人去动脑动手,付出辛勤劳动。事实上,哪怕一个小小的改进,也会遇到种种困难。得不到足够支持,有人冷嘲热讽,往往加大了改进的阻力。在这种情况下,一定要敢于坚持。不能因为害怕困难、害怕失败就半途而废。

质量改进之后的心理阻力主要表现在改进后的结果有损于我们的权益,引起我们反感。通过质量改进,很可能打破了原有的习惯、地位、传统,加大我们的劳动强度,给我们造成不稳定或不安全感,损害我们的利益。这样的担忧企业如果不解决,就很有可能“复旧”,继续保留质量改进前的做法。因此,企业应当采取措施,巩固质量改进成果。

为了消除心理阻力，当然需要老板和管理人员提升对质量改进的认识，增加对质量改进的投入（包括奖励投入），也需要我们去说服、动员其他同事积极参与到质量改进中来。作为操作者，我们不能用行政命令和强迫手段，去要求其他同事参与。但是我们可以通过将质量改进的理由和前景告诉同事、吸收抵制的同事参与改进、让更多的同事从改进中获益等方法，消除他们的抵制，让大家一起进行质量改进，至少不阻碍我们进行改进。

24 质量管理小组(QCC)活动

24.1 QCC 是质量改进的好形式

我们所说的质量改进，是广义的改进，包括了在不违反工艺纪律的前提下“私下”进行的小改进、小革新。但是，重大的质量改进，特别是有创新意义的质量改进，仅凭我们个人的力量往往难以成功，这就需要其他相关人员(包括技术人员和管理人员)的配合，需要一定的组织形式来进行。质量管理小组就是专门用于质量改进的一种组织形式。

质量管理小组又称为 QCC，是指在自愿的原则下由工作相同或有联系的员工，以小组形式组织起来，通过定期的会议及其他活动进行质量改进的一种组织。

QCC 活动是从日本发展起来的。日本企业从 20 世纪 60 年代开始推行，坚持至今，取得了很大的成效。日本当年的产品质量达到顶峰，雄居世界之首，QCC 起了不可估量的作用。日本大型企业每年或每两年都要召开一次 QCC 大会，发表成果，表彰先进。据日本铃木公司统计，QCC 每年创造的价值相当于全公司三个月的工资支出。如今，全世界都在推行 QCC 活动，通过 QCC 活动改进质量。每年都要召开一次国际大会，发表成果，交流经验，吸引了不少国家和地区派员参加。

QCC 是进行质量改进的一种行之有效的组织形式，通过组建 QCC 来进行质量改进，可以迅速取得成效。虽然质量改进不一定要通过 QCC 来进行，但 QCC 却是进行质量改进的一种好形式。在进行重大的质量改进时，我们可以通过组建 QCC，吸引涉及该项目的有关人员参加，共同进行改进。

其实,即使是质量控制,特别是那些需要大家共同努力才能控制好的项目,例如集体操作、装配线之类的工作,要若干员工(甚至包括技术人员和管理人员)参与,才能控制好质量,也可以组建 QCC,通过开展活动来进行质量控制,同样能够取得好的效果。

因此,QCC 一般分为两类:一类是以质量改进为目的的攻关型 QCC,一类是以质量控制为目的的现场型 QCC。

24.2 如何开展 QCC 活动

不管是哪一类 QCC,都可以按照以下八个步骤来进行。

第一步:组建 QCC

根据面对的质量问题或可能选择的课题来组建 QCC。如果是偏重于质量控制目的,QCC 可以由本班组的人员自愿组成;如果是偏重于质量改进目的,根据改进的对象可以由本班组人员组成,也可以由不同班组的人员(包括相关的技术人员和管理人员)自愿组成,还可以由不同层次的管理人员、技术人员和工人按"三结合"的方式自愿组成。也就是说,QCC 的组成形式是多样的,应根据具体情况进行组建。一般情况下,以 3~10人为宜,人数过多不便于开展活动。

第二步:注册登记

QCC 组建起来后,应在企业的主管部门或主管人员处注册登记,填写注册登记表。如果企业愿意,还可报所在地的质量管理协会备案。注册登记的目的,一是加强组织领导;二是获得支持帮助。注册登记也可在选择活动课题之后进行。

第三步:选择活动课题

活动课题是 QCC 在一个时期内的质量目标,关系到 QCC 活动的方向、深度和广度。选择活动课题的原则是:

(1)要选择和我们工作,特别是和我们操作相关的课题;

(2)要选择 QCC 成员共同关心的关键问题和薄弱环节;

(3)要“先易后难”,首先选择那些能够解决的“小”课题;

(4)选择具体的课题,一定要有目标,而且目标要具体,最好能用数据来表示,也就是说要有目标值。

第四步:选好小组长

小组长是 QCC 的核心人物,应是 QCC 活动的热心人,既要有一定的技能水平,又要善于团结他人;既要有事业心,又要掌握常用的质量改进工具和技术。作为打工特战队员,我们应当有当仁不让的气概,争取当好小组长。

第五步:按 PDCA 循环开展工作

QCC 活动的基本程序是 PDCA 循环,可以参见下一章。活动中一定要做好记录。

第六步:撰写成果

QCC 活动完成了 PDCA 循环,取得了成果,就要及时总结,撰写成果。成果材料必须以活动记录为基础,进行必要的整理,用数据说话,不要生搬硬套,不要事后编造。成果的主要内容包括:

(1)成果名称;

(2)概述;

(3)选题理由;

(4)原因分析;

(5)措施计划;

(6)实施过程;

(7)实施效果;

(8)标准化措施;

(9)遗留问题;

(10)下一步打算。

第七步:发表成果

指定一名 QCC 成员将成果在相应的会议上发表。这需要企业的主管部门或主管人员来组织。发表成果可以鼓舞士气,吸引其他员工关注,还可以交流经验，获得其他员工的评价，不断提高活动的效果。优秀成果还可以推荐到当地或上级质量管理协会的有关会议上发表，可以争取更大的荣誉。

第八步：继续活动

根据PDCA循环的结果，可以将遗留问题作为下一步的课题，继续开展活动，也可以重新选择课题，继续开展活动。如果认为课题已经解决，QCC也可以解散，然后按新的目的重新组建新的QCC来开展活动。

24.3 开展QCC活动要注意的事项

（1）需要老板和管理人员的全力支持。在日本，公司总裁经常参与QCC活动，有的还亲自上台发表成果或讲QCC课。不能设想，一个不重视质量、不尊重员工的企业怎么能有效地开展QCC活动？如果企业没有开展过QCC活动，作为打工特战队，我们可以通过各种形式，向老板和管理人员推荐和介绍，可以给他们做个示范。

（2）需要进行组织管理。QCC活动强调自愿自觉参与，但企业必须进行组织管理，才能激发员工参与QCC活动的积极性。因此，企业应当指定一个部门或人员来负责QCC活动的管理工作。

（3）必须强调自愿参与。QCC活动是日常工作之外的一种活动，企业只有通过示范、鼓励、支持、奖励等手段来吸引员工参与，而不能用强迫手段逼迫员工参与。否则，即使参与了，也没有积极性，就会让QCC活动徒具形式，失去作用。

（4）应当进行相应的培训。QCC活动要取得成效，参与者必须具有相关的知识和技能。为了提高QCC活动的绩效，对参与者就要进行培训。培训的内容除QCC和质量改进的基本知识外，至少应包括一些常用的质量改进工具，例如排列图、因果图、控制图、措施计划表等（简称“三图一表”）。

（5）活动课题要结合实际。QCC活动要循序渐进，选择活动课题时应先选容易完成的、工作和生产迫切需要解决的。对取得的成果要实事

求是评价,不要虚夸,即使没完成目标也没有关系。要严防形式主义,不要走过场,不要好大喜功。也就是说,要更看重过程,而不要把结果作为评价 QCC 活动的唯一标准。

(6)一定要对成果进行奖励。QCC 活动结束或告一段落后,一定要按 PDGA 循环的要求及时总结经验,发表成果,给予奖励,以鼓励 QCC 成员并吸引更多的人参与活动。奖励主要是精神方面的,但也要有物质内容,应由企业老板来颁发。

24.4 QCC 活动的效果

QCC 活动的效果见图 24－1,分为两大类:一类是看得见的,侧重于经济效益;一类是看不见的,侧重于人际关系。前者只是冰山露出水面的部分,后者是沉入水中的冰山,其效果更有意义,更值得我们重视。不管是显现的效果还是深层的效果,不管是对企业还是对我们打工者来说,都是有好处的。

不少人只看到 QCC 创造的经济效益,只看重节约了多少钱之类,而忘记了 QCC 活动对员工思想意识的影响。由于 QCC 增强了员工与企业之间的互相信任,增强了员工之间的沟通,提高了员工对自己工作的喜爱,就会大大提高工作积极性,这种效益更重要。因此,即使不是攻关项目,即使不是质量改进,也应开展 QCC 活动。

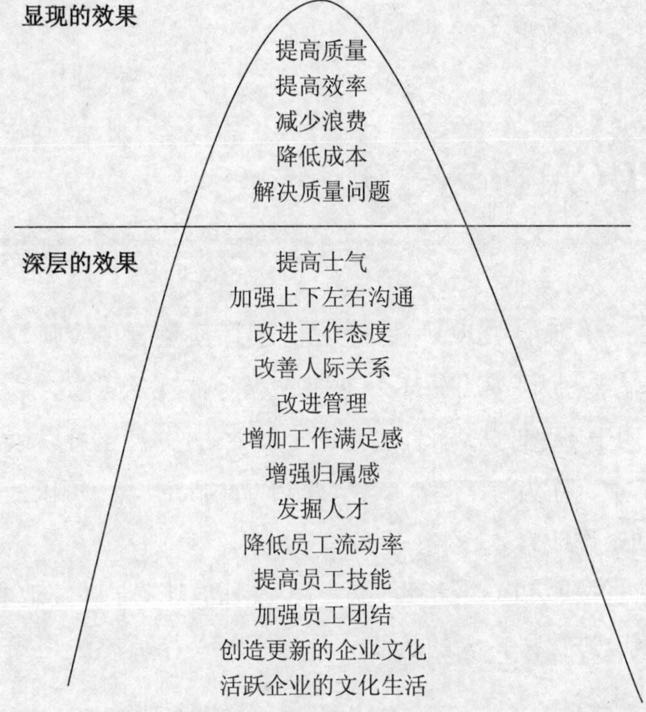

图 24－1　QCC 活动的效果

25 PDCA 循环方法

如图 25－1 所示，PDCA 循环方法是美国质量管理大师戴明博士发明的，因而又被称为“戴明循环”。PDCA 循环体现的思想方法和工作步骤，不但适用于质量改进，而且也适用于其他工作，甚至可以运用于我们的日常生活中。作为打工特战队，掌握 PDCA 循环方法，可以提升我们的思维能力和工作能力。

质量改进按照 PDCA 循环方法去做，往往能够更加快捷地取得效果，能够让质量改进保持持续的趋势。因此，PDCA 循环方法是我们进行质量改进的法宝。

图 25－1　PDCA 循环

25.1　PDCA 循环的四个阶段、八个步骤

如图 25－2 所示，PDCA 是英文的计划、执行、检查、处理（处置）四个词的第一个字母。PDCA 循环的意思就是说，做一切工作，干任何事情，都必须经过这四个阶段，这四个阶段是永不停止、不断循环的。

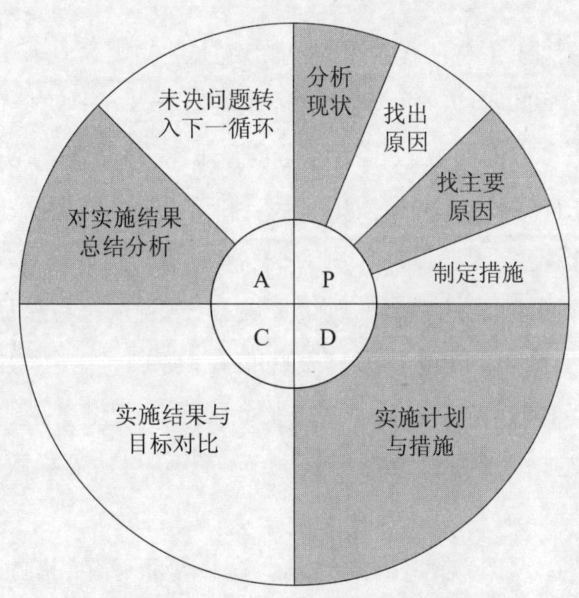

图 25－2　PDCA 循环的四个阶段

P 阶段——计划阶段

这个阶段的工作主要是找出存在的问题，通过分析，制定改进的目标，确定达到这些目标的措施和方法。其内容又包括了四个步骤：

（1）分析现状，找出存在的问题。作为操作者，我们可以通过访问下工序、收集相关人员的意见等方法来了解可以改进的地方，可以通过分析现场数据、原始记录、检验结果等资料来把握存在的问题，也可以通过与他人（包括厂内外先进）进行对比等来寻找自己的差距。在寻找存在的问题时，可以用排列图和控制图等质量管理工具来进行统计分析。分析现状时切忌“没有问题”“质量很好”等自满情绪。要针对产品、过程和管

理中的问题,尽可能用数据加以说明,确定需要解决的主要问题。分析现状一般要用到排列图。

(2)分析产生问题的原因。对产生问题的原因要加以分析,要逐个问题、逐个因素详加分析,尽可能将产生问题的各种影响因素都罗列出来。分析时切忌主观、笼统和粗枝大叶。分析原因一般要用到因果图。

(3)找出影响问题的主要原因。影响质量的因素往往是多方面的。从大的方面看,可以有人、机、料、法、环 4M1E 要素。即使是管理问题,其影响因素也是多方面的,例如管理者、被管理者、管理方法、使用的管理工具、人际关系等。每项大的要素中又包含许多小的影响因素。例如,从人的角度来说,既有不同人员的原因,又有同一个人因心理状况、身体状况变化引起的不同原因,还有诸如质量意识、工作能力等多方面的因素。在这些因素中,要全力抓出直接影响质量的主要原因,以便从主要原因入手去解决问题。在这个过程中,切忌“眉毛胡子一把抓”“丢了西瓜捡芝麻”,切忌什么原因都去管,结果却什么也管不了,从而导致质量改进的失败。

(4)针对主要原因制定措施计划。这一步很重要,措施计划一定要具体,切实可行,并能预计其效果。措施计划的拟定过程必须明确以下几个问题:

Why(为什么),说明为什么要制定措施计划。

Where(哪里干),说明由哪个部门负责在什么地点执行措施计划。

What(干到什么程度),说明要达到的目标。

Who(谁来干),说明执行措施计划的主要负责人。

When(何时完成),说明完成措施计划的进度。

How(怎样干),说明如何完成此项任务,也就是措施计划的内容。

以上六点分别取其第一字母,简称之为 5WlH。制定措施计划一般要用到措施计划表。

D 阶段——实施阶段

这个阶段只有一个步骤:实施计划。也就是按照制定的措施计划,严格地去执行。实施中如果发现新的问题或情况发生变化(例如人员变动),应当及时修改措施计划。

C 阶段——检查阶段

这个阶段也只有一个步骤:检查效果。根据所制定的措施计划,检查进度和实际执行的效果,看是否达到预期的目的。检查效果要对照措施计划中规定的目标来进行,要实事求是,不得夸大,也不要缩小,未完全或未达到目标也没有关系,那可以为进一步改进提供机会。必要时,可以用排列图和控制图等工具来进行分析和验证。

A 阶段——处理阶段

这个阶段包括两个步骤:

(1)总结经验,巩固成绩。根据检查的结果进行总结,把成功的经验和失败的教训纳入到有关的标准、规定和制度中,防止已经解决的问题重新冒出来,再次发生。这一步非常重要,一定要努力做好,否则辛辛苦苦的质量改进就失去了意义。在涉及更改标准、程序、制度、文件、图纸时又要慎重,要进行必要的验证,甚至还要进行多次 PDCA 循环得到充分证实,才能进行,而且还要按相关规定进行控制。

(2)遗留问题,转入下一个循环。根据检查,把未解决的问题转入到下一轮的 PDCA 循环中,作为下一轮循环 P 阶段分析现状找出问题的对象。

对遗留问题要进行分析。一方面要充分看到成绩,不要因为有遗留问题就让质量改进的积极性受到打击;另一方面又不能盲目乐观,对遗留问题视而不见。不管是什么问题,往往不是一次改进就能解决的。质量改进之所以是持续的、不间断的,就在于任何质量改进都可能有遗留问题。而且,质量改进成功后,在新的情况下又可能产生新的问题(已经上升了一个层次)。因此,进一步改进的可能性总是存在的。这也是持续改进的理论基础之一。

还要看到,质量改进也可能归于失败,不仅没有解决原来的问题,还可能产生出新的问题,但只要不断总结经验,坚持改进,肯定能够获得成功。

需要说明的是,PDCA 循环的四个阶段是不能跨越的,而八个步骤则可增可减,视具体情况而定。在八个步骤中,又要把重点放在处理阶段巩固成绩这个步骤上。如果成绩不能巩固,没多久就"复旧"了,问题继续摆在那里,质量改进就是失败的。

25.2 PDCA 循环的特点

(1)循环不停地转动,每转动一周提高一步

如图 25-3 所示,PDCA 循环的四个阶段是紧密地连在一起的,如同一个转动着的车轮,转动一次前进一步,不停地转动,不断地前进,也好像是在上楼梯,逐步在提高。每次循环都应有新的目标和内容,质量问题才能不断得到解决和提高。

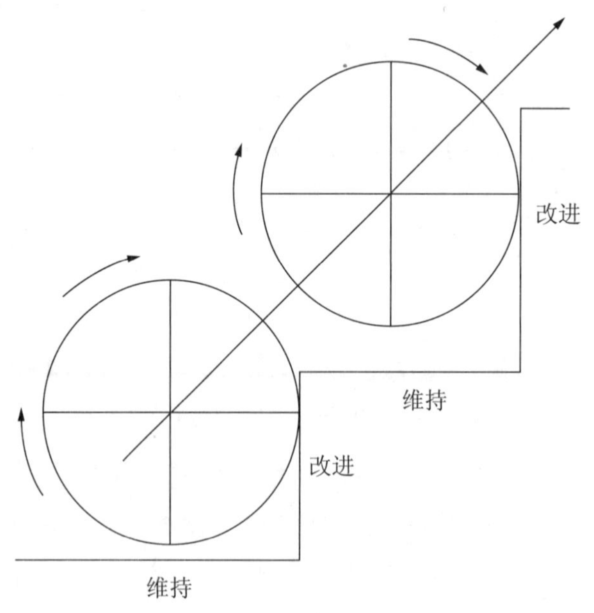

图 25-3 PDCA 循环不停地转动和提高

(2)大环套小环，小环保大环，相互联系，彼此促进

如图 25－4 所示，PDCA 循环是质量管理的基本方法，不仅适用于整个企业，而且也适用于各部门、车间、工段和班组，甚至也适用于我们个人。就一个企业而言，其循环是一个大环，而其他部门、车间等则是大环中的小环。大环是小环的母体或依据，小环则是大环的分解和保证。这样大环带动小环转动，小环保证大环运转，围绕着企业的质量目标朝着一个方向转动。通过 PDCA 循环把企业的各项工作有机地组织起来，彼此促进。

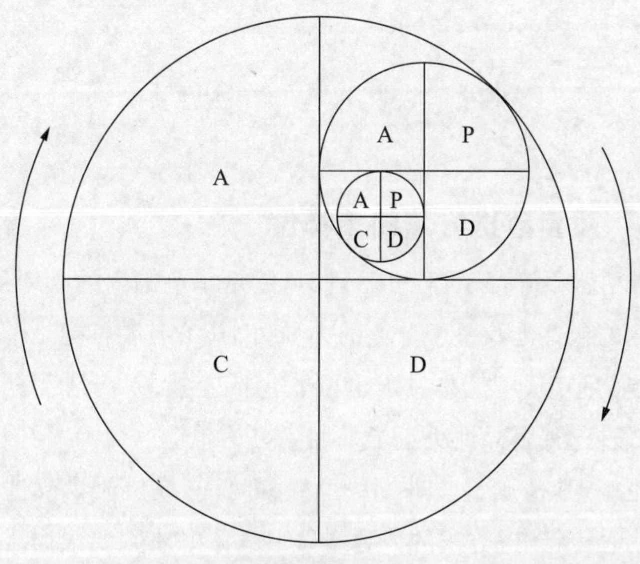

图 25－4　大环套小环

(3)PDCA 循环是一个综合性的循环

如图 25－5 所示，PDCA 循环的四个阶段并非是截然分开的，而是紧密衔接连成一体，各阶段之间也还存在着一定的交叉现象。在实际的工作中，往往是边计划边实施，边实施边检查，边检查边总结边调整计划，也就是说，我们不能机械地去理解和转动 PDCA 循环。

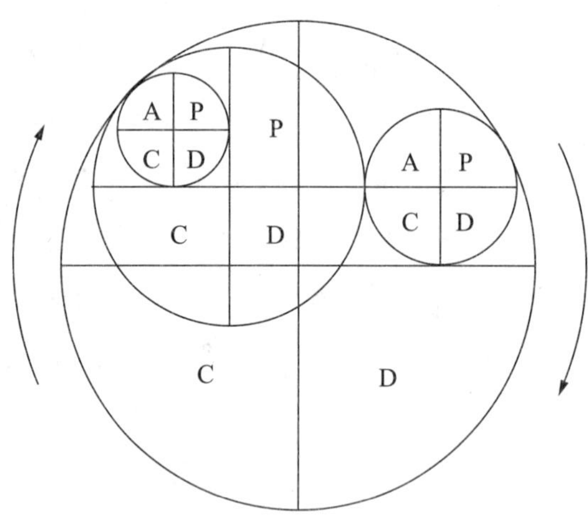

图 25－5　PDCA 循环各个阶段交叉

25.3　质量改进方法的多样性

质量改进涉及产品、过程和管理，可能是小范围内的小项目，也可能是大范围内的包括涉及整个企业的大项目，其参与者可能是个人也可能是临时组建的小组，可能是员工也可能包括老板，因而情况是多种多样的。质量改进这种多样性决定了采用的方法也应当具有多样性。PDCA 循环方法也好，其他质量改进方法也好，都只能提供质量改进的基本方法，或者说是质量改进方法的大致步骤。具体方法则要根据质量改进项目的大小、性质、难易、参与人员等具体情况而确定。例如，对涉及一条装配线的管理过程进行改进，就需要制定相当详细的措施计划，还要对措施计划进行必要的讨论、评审、论证，甚至还要进行若干试验和验证，还要对装配线上的全体人员进行相应的培训。而对某一个零件进行改进，可能只需要更改一张产品图样就可以了。但是，不管怎么说，质量改进都离不开 PDCA 循环方法，而且 PDCA 循环方法也给我们提供了一种思维方式。任何工作，甚至我们的生活都可以运用这个方法，通过改进来提高工作效率和生活质量。

26 质量改进注意事项

PDCA 循环方法为质量改进提供了最基本的方法，把 PDCA 循环方法用于质量改进，需要抓住两个重点：一是发现问题；二是做好总结。

26.1 抓住重点之一：发现问题

质量改进是针对问题来进行的，如果发现不了问题，认为一切都很好了，或者认为即使有问题，也不需要大动干戈去解决，当然就不可能进行改进。

要发现问题，当然需要一定的能力。发现问题不仅需要一般能力，而且需要从事本职工作的特殊能力。要发现问题，就要有锐敏的观察力。所谓观察，就是用眼、耳、鼻、舌、身去感觉，通过感觉去发现存在的问题。经验丰富的员工仅凭听声音就能发现机器的故障。优秀的厨师仅凭舌尖的感觉就能指出烹饪菜肴时应当改进的地方，例如火候不够、盐加多了少了等。

有了发现问题的能力，但如果思想保守，往往也难以发现问题；即使发现了，也听之任之。保守思想严重的人，总认为现在一切都好了，总喜欢拿现在与过去比，“忆苦思甜”，心满意足，根本不去或不愿意去发现质量问题，质量问题当然也就发现不了。

要发现问题，还需要对现状进行调查、测量、分析和评价。例如，我们加工的产品有多少是不合格的，不合格的情况究竟表现在哪些地方，因为不合格造成了怎样的损失，损失有多大，顾客（下工序）对我们加工的产品有什么意见，我们加工的产品与别人加工的产品存在哪些差距等，都需

弄个明白。

这样的调查分析是质量改进的前提。如果觉得什么都满足了,已经是“最高水平”了,什么问题都不存在了,当然也就没有质量改进的必要。但事实上,即使我们是特战队,我们的操作、我们的加工过程、我们加工的产品、我们对操作过程的控制,都肯定存在着不尽人意的地方,都有需要改进之处。问题在于,我们有没有能力去发现问题,或者说我们用什么眼光、用什么心态去对待存在的问题。

作为打工特战队,我们一定要克服保守思想。要通过走访顾客(下工序)、听取意见、提升自己对自己的要求等方法,来给自己施加必要的压力。古话说:“求乎上,得乎中;求乎中,得乎下;求乎下,无所得。”也就是说,把自己对自己的要求订得高一些,把质量目标定得高一些,才能够获得成功。

26.2 抓住重点之二:把总结做好

从质量改进的需要来说,PDCA 循环是一个永无休止、不断上升的过程。要推动 PDCA 循环,关键在于做好总结。所谓总结,就是通过对质量改进的结果进行检查、检测、评审,总结经验,肯定成绩,纠正错误,以利再战。这是 PDCA 循环能够上升、能够前进的关键环节。如果只有前三个阶段,问题找出来了,措施实施了,效果也出来了,但却没有用标准、规定、制度等把成绩巩固下来,要不了多久,就会“复旧”,问题就会依然如故。

的确,通过质量改进,可能解决了存在的问题,企业受益,但却让我们的利益受到损害。例如,增加了过程检查的频率,加大了操作难度,让我们付出的劳动更多,企业却不给我们增加工资,让有些人觉得,与其如此还不如不改进为好。这样的问题当然需要引起企业的重视,我们也可以通过各种渠道向老板和管理人员反映。不过,这仅仅只是一个方面,而且现实中这样的现象毕竟不多。绝大多数质量改进对我们打工者来说,还是有用的,还是可以给我们带来利益的。因此,我们还是要做好总结,把质量改进的成果巩固下来。

要巩固质量改进的成果，要让其保持下来，通常的方法就是对标准、程序、制度、图纸等文件进行更改。这虽然是技术人员和管理人员的事，但我们要积极参与，“督促”他们及时做好更改工作。如果不及时更改，我们只能严格遵守工艺纪律，按原来的规定去做，质量改进往往就会白做了，这很不划算。

在总结中，还要注意质量改进不足的、错误的、没有成效的地方。如果发现原来的问题还有一些没有解决，或者质量改进后引起新的问题，那就要针对这些问题，进行新的质量改进，进入第二轮 PDCA 循环。

26.3　对制定的措施要进行事前评价

在进行质量改进的过程中，经过原因分析，找到了相应的解决办法，制定了措施计划，要注意对这些措施进行评价，必要时还应进行小范围或小规模试验验证。特别是措施实施后可能造成大范围或大规模后果的时候，这种验证更是不可或缺的。例如，改革了一种工艺，就要对这种工艺进行试验，对用这种工艺生产的产品进行全面检测，证实产品质量完全合格，同时还要防止因使用这种工艺可能对生产造成的其他影响。如果不进行评价或验证，一旦采取新的措施，就可能因种种原因出现严重后果，甚至造成更多更严重的质量问题。这就可能给反对改进者造成口实，使改进夭折或失败。

质量改进的措施往往是在脱离现有常规（包括文件规定、习惯、计划等）的条件来进行的，其结果很可能是无法预计的。为了避免因此而造成的损失，确保质量改进的成功，在实施前，要对采取的措施（也就是解决问题的办法）进行必要的评价、试验或验证。如果不进行评价、试验或验证，贸然采取措施，万一造成严重后果就麻烦了。任何措施都必须保证安全，不能因为进行质量改进就加以忽视。同时还要注意，这样的措施只能是在质量改进这一小范围内，也就是说只能在一定的时间或空间里进行。在取得成效，经过总结，将其标准化（也就是将其纳入标准、规定、制度）之前，不得在大范围内随意推广。否则，就可能违反工艺纪律。

即使在实施过程中，对相关的措施有时候也还需要进行必要的观察、考察和评审。如果措施不完善，在实施过程中就要加以完善；如果措施本身存在问题，在实施过程中就要加以解决。特别是实施那些具有创新性质的措施时，更需要谨慎，“摸着石头过河”，必要时甚至可以后退一步，以寻找更好的解决办法，制定新的措施。

26.4 发挥 QCC 成员的作用

质量改进往往是通过开展质量管理小组（QCC）活动来进行的。本来，不管是查找问题原因还是制定措施计划，都应当建立在 QCC 全体成员充分发挥智慧的基础上。但是，很多 QCC 并没有这样做，往往是某个人说了算。有时技术人员或管理人员发了言，操作者觉得不合理也不愿提意见，技术人员怎么说，当工人的只好跟着去做，实际上成了当官的定课题，技术人员定措施，工人奉命去干。这样，即使质量改进取得成效，往往也与我们操作者无关。这样的质量改进当然不能吸引我们，我们对此可能也没有热情。

我们是打工特战队，在质量改进中是主力军，往往成为 QCC 的头头，在组织开展活动时，我们就要吸取这样的教训，充分发挥 QCC 所有成员的作用，不管是查找问题还是分析原因，不管是制定措施还是落实计划，不管是检查效果还是进行总结，都要让大家积极参与，都要让大家动脑筋、想办法、出主意、提建议。这样，QCC 内部才能团结一致，我们作为 QCC 的中心人物，才能真正得到大家的公认，增强我们的凝聚力。

27 排列图

进行质量控制和质量改进，需要收集相关的事实和数据，并对这些事实和数据进行分析，于是就要用到一些方法，这些方法又被称为是质量管理工具。这样的工具种类繁多，有所谓新老七种工具。老七种工具是：排列图、分层法、调查表、因果图、散布图、直方图、控制图。新工种工具是：关联图、KJ 法、系统图、矩阵图、矩阵数据解析法、PDPC 法、箭条图。对于操作者来说，没有必要去掌握那么多。一般来说，我们能够掌握"三图一表"（排列图、因果图、控制图、措施计划表），就基本上够用了。当然，如果有兴趣，也可以学会其他一些方法，但那难度可能就要增大好多。

我们先说排列图。

27.1 8020 原则

质量改进是针对质量问题来进行的。有的问题摆在那儿很明显，一眼就能看到；有的问题并不明显，要通过调查、检测、收集相关事实或数据才能找到。同时，我们面对的问题往往并不是一个，很可能是一大堆。质量改进不可能一蹴而就，把所有的问题都解决，而只能抓住主要问题，先把主要问题解决了再说。在这种情况下，就可能要用到排列图。

当今世界贫富悬殊相当厉害，20% 的人占有了 80% 的社会财富。这种"8020"现象不仅存在于社会财富分配中，也存在于我们的工作和生活中。例如，企业的质量问题，80% 是由老板和管理人员的原因造成的，而他们往往只占企业总人数的 20%；而占企业总人数 80% 的操作者，往往只占质量问题原因总数的 20%。这就是质量管理大师朱兰博士提出的著名的“8020原则”。这个原则要求我们在质量改进中抓住“关键的少数”，暂时放弃“次要的多数”。用毛泽东的话来说，就是要抓住主要矛盾。

我们加工的产品，肯定有相当多的质量特性。例如，我们通过注塑机加工的塑料制品，可能有尺寸要求，有颜色要求，有表面粗糙度要求，有杂质含量不超过多少的要求，有韧性要求，有外观要求等。如果产品有质量问题，被判为不合格，究竟是哪种要求没达到，就要通过检测，得到相应的数据，然后对这些数据进行分类统计，进行分析，才能掌握。一般来说，很可能80%的不合格是因为其中20%的质量特性值不合格造成的。

同样，造成不合格的原因往往也不是单一的，可能有多种原因。如果我们对这些原因进行统计分析，往往也是20%的原因造成了80%的不合格。

把“关键的少数、次要的多数”这个原理，或者说把“8020原则”应用到质量管理中，就产生了排列图。

27.2 怎样制作排列图

排列图是为寻找主要问题或影响质量的主要原因所采用的一种质量管理工具，是将影响结果的有关因素，按一定度量指标从多数到少数进行排列，以找出其主要因素，促进质量改进或效益提高的一种图示技术。排列图又称帕累托图或柏拉图，也叫主次因素图。它由两个纵坐标、一个横坐标、几个按高低顺序依次排列的长方形和一条累计百分比折线所组成。

我们以一家卷烟厂某日成品抽样检验中发现外观质量不合格的990个缺陷为例，简单介绍一下怎样画排列图（见图27－1）。

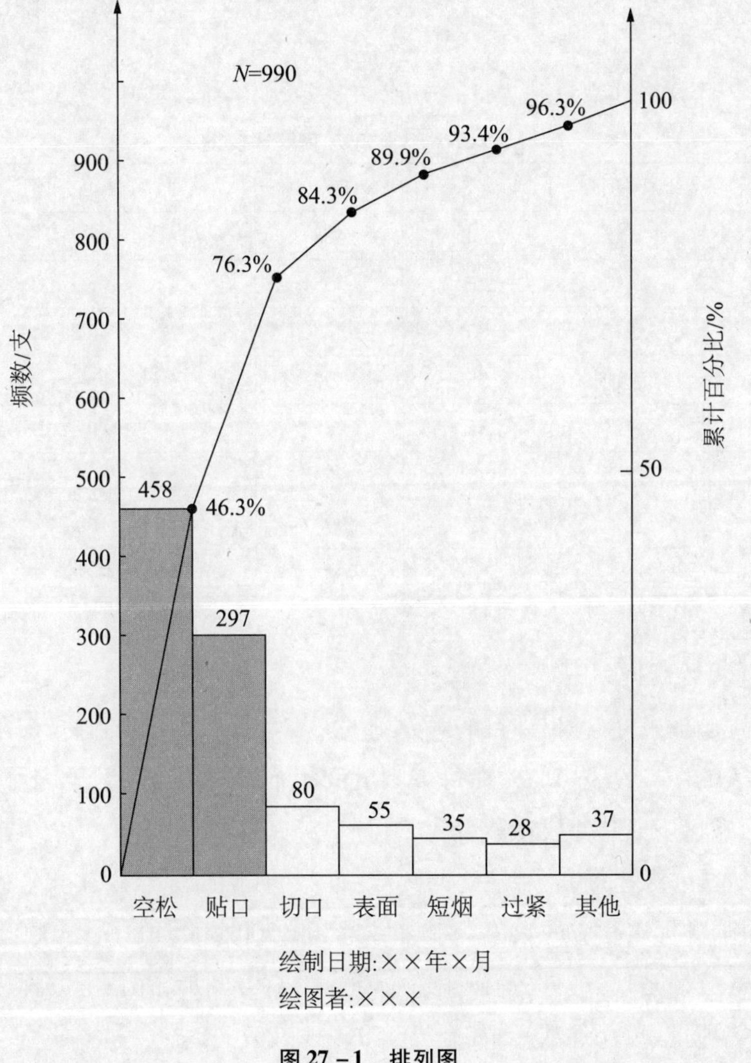

图 27－1　排列图

(1)搜集数据

通过检验,把造成外观质量不合格的缺陷进行分类,得到以下数据:切口 80 个,贴口 297 个、钢印 10 个、空松 458 个、短烟 35 个,软腰 12 个、过紧 28 个、油点 15 个、表面 55 个。

(2)进行统计

①把缺陷项目分层,按由多到少的顺序填入缺陷项目统计表中。因

为油点、软腰、钢印相对来说数量不多,可以合并为一类,称为“其他”,放在最后。

②计算累计数量和累计百分比,并填入缺陷统计表中(见表 27-1)。

表 27-1　缺陷项目统计表

序号	缺陷项目	数量	累计数量	累计百分比
1	空松	458	458	46.3
2	贴口	297	755	76.3
3	切口	80	835	84.3
4	表面	55	890	89.9
5	短烟	35	925	93.4
6	过紧	28	953	96.3
7	其他	37	990	100
合计		990		

(3)绘制排列图

①画横坐标,标出项目的等分刻度。本项目有 7 个项目,按缺陷项目统计表的序号,从左到右,在每个刻度间距下填写每个项目的名称,例如空松、贴口……其他放在最后。

②画左纵坐标,表示缺陷的频数(件数)。确定原点为 0 和坐标的刻度比例,并标出相应的数值。本项目为 100,200,300,400,…,1000。

③按缺陷频数(件数)画出第一项目的直方图形,并在上方标以相应的缺陷项目频数(件数)。如空松 458、贴口 297…

④画右纵坐标,表示累计百分比。

⑤画累计百分比折线。有两种方法:

方法一:定累计百分比原点为 0,并任意取坐标比例。这样,累计百分比的比例与频数(件数)坐标无关。然后按各项目直方图形右边线或延长线与累计百分比数值的水平线的各交点,用折线连接。

方法二:累计百分比坐标以频数(件数)总数 N 对应高度 M 定为 100%,以各项目的直方高度为长度而截取的各点,用折线连接。图27-1

就是这样画的。

⑥标注必要的说明。在图的左上方标以总频数(件数)N,并注明频数的单位(本例为支);在图的下方或适当位置上填写排列图的名称、作图时间、绘制者及分析结论等。

需要说明的是,不管画什么图,都是为了进行质量改进,画得很规范当然好,即使画得不那么规范也没关系,甚至只画一个草图,只要能够让大家看懂是怎么回事,也可以的。画排列图如此,画其他图也如此。

27.3 怎样分析排列图

绘制排列图的目的在于从诸如的问题中找出主要问题,并用图形的方法直观地表达出来。通过图 27－1,我们可以很明显地看到:造成卷烟外观质量不合格的主要缺陷是空松和贴口,这两类质量问题占到总数的 76.3%。如果我们通过质量改进,把这两类缺陷问题解决了,大部分质量问题也就得到消除,不合格率就会大大降低。

在分析排列图时,通常把问题分为三类:A 类属于主要问题或关键问题,占累计百分比 0 ~ 80%;B 类属于次要问题,占累计百分比 80% ~90%;C 类属于一般问题,占累计百分比 90% ~100%。当然,在实际运用中,也不要这样机械地按 80%来确定主要问题。这样的划分,仅仅是按"关键的少数、次要的多数"原则(或者说是"8020 原则"),给定一定的划分范围。A、B、C 三类的划分,要结合具体情况来选定。例如,上面举的卷烟外观质量不合格的例子,虽然空松和贴口只占累计百分比的 76.3%,就可以把其划为 A 类了;切口和表面在累计百分比76.3% ~89.9%,就可以划为 B 类;短烟、过紧和其他几类在累计百分比89.9% ~100%,就可以划为 C 类。也就是说,只要解决了空松和贴口质量问题,不合格率就可以大大下降,质量改进就可以获得相当大的成功。

当然,有时候缺陷项目可能很多,主要缺陷项目可能也有很多个,这就失去画排列图找主要问题的意义。如果遇到这样的情况,就要把缺陷性质相同或相似的项目进行适当合并,重新分层排列。

为了更有效地分析问题,便于采取改进措施,对同一个质量问题也可以采用不同的分层来绘制排列图。例如,既可以像上面那样按次品的缺陷情况进行分层,也可以按造成缺陷的责任人进行分层,还可以按次品出现的时间来进行分层等。究竟按什么情况来分层,要从便于采取改进措施来着眼,不能想当然。

排列图不仅可以帮助我们寻找主要问题,决定质量改进的主要目标,还可以用它来确认质量改进效果,整理报表或记录,对相关的事物进行评价。

但是,需要强调的是,排列图只是一个工具,我们进行质量改进,不必为画图而画图。如果问题的项目较少,主次问题已经很明显,也可以直接用统计表来代替排列图。总之,我们介绍排列图的目的,是要让大家记住"关键的少数、次要的多数"这个原则,也就是记住"8020 原则",能够从众多的问题中找到主要问题。

28 因果图

28.1 头脑风暴法

世界上不管什么事都是有原因的,质量问题当然也不例外。要解决质量问题,就要找到引起质量问题的原因,把原因消除了,质量问题也就解决了。因此,质量改进很重要的一个环节就是分析原因。

分析原因往往是一个"技术活"。如果寻找问题的主要障碍是愿不愿意去找,是如何打破保守思想的话,那么分析原因能否成功,就要看是否找到了主要原因。而要找到主要原因,首先就要把可能引起质量问题的原因全部找出来。只有把所有的原因都找到了,然后通过分析、比较,才能确定主要原因。很多时候,质量问题之所以解决不了,就是没有找到原因,或者说没有找到主要原因。因此,在 PDCA 循环的八个步骤中,分析原因就占了寻找原因和寻找主要原因两个步骤,其重要性不言而喻。

为了寻找质量问题的原因和主要原因,日本质量管理大师石川馨博士发明了因果图,因此,因果图又叫名石川图。因果图像一个鱼骨架子,因而又叫鱼刺图、鱼骨图、树枝图(见图 28 - 1)。

因果图一目了然,简捷实用,深入直观,是质量改进,特别是质量管理小组(QCC)常用的一种分析方法,一种很有用的工具。

但是,要让因果图真正起作用,关键在于要把质量问题的原因尽可能全部找出来。这就需要发挥 QCC 全体成员的智慧,不仅要让大家畅所欲言,更要让大家都能开动脑子。这时,就需要采用头脑风暴法。

所谓头脑风暴,是指小组成员无限制地自由联想和讨论,其目的在于产生新观念或激发创新设想。在质量改进中，QCC 成员一起来寻找质量问题的原因，与会人员一律平等，大家畅所欲言，互相感染，互相启发，互相激励，引起互相的联想反应，禁止对别人的发言进行批评和评论，把各种想法全部记录下来，往往就能产生意想不到的效果，就能把质量问题的原因全部找出来。

作为打工特战队，我们要在 QCC 中发挥中心人物的作用，就要善于利用其他同事的智慧，让大家都来为寻找问题的原因，为质量改进打下基础。

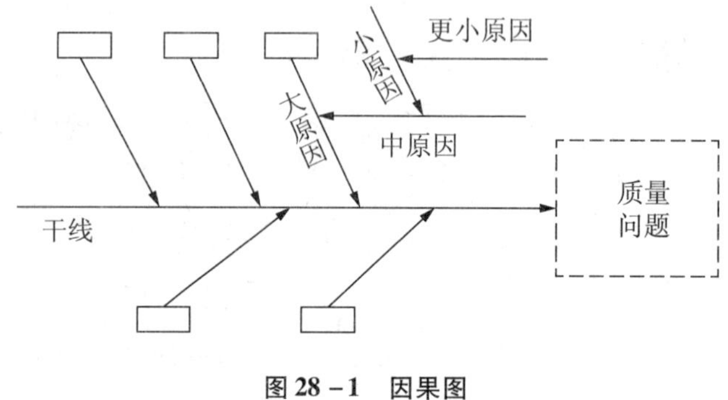

图 28－1　因果图

28. 2　怎样制作因果图

通过头脑风暴法找出这些原因，如果只是简单地写在纸上，往往形成混杂的一大堆，让人看不清楚。如果一开始就用因果图来记录这些原因，就能层次分明、条理清楚。因此，在寻找原因、QCC 讨论和在召开头脑风暴法会议时，就可以使用因果图了。当然，也可以事后再画因果图，或者事后再对大家找出来的原因进行整理后制作因果图。

制作因果图的程序一般可以分为六步。

步骤一：按照 PDCA 循环中第一步（找出存在的问题）获得的结果，确定需要分析或需要解决的质量问题，把其作为因果图指向的目标。例如，某零件的废品率为什么高，用一个方框表示，代表“鱼头”放在右边。

步骤二：画一条带箭头的主干线，代表“鱼脊椎”，箭头指向表示目标的方框，表示某零件废品率高的原因（见图 28－2）。

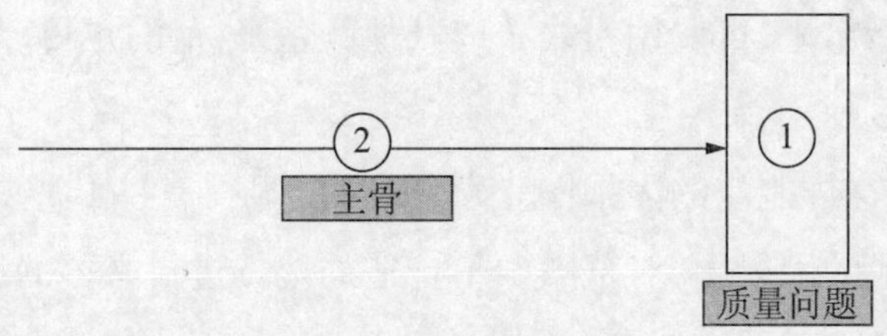

图 28－2　因果图制作步骤 1 和 2

步骤三：按我们已经知道的影响产品质量的人、机、料、法、环 4M1E 要素确定次干线，代表鱼刺，用箭头线画在主干线的两侧，表示引起某零件废品率高的要素原因。当然，不同的问题可能有不同的要素原因，不一定都要采用人、机、料、法、环 4M1E 要素。例如，已经知道某零件废品率高是环境问题造成的，也可以舍弃人、机、料、法四个要素，把环境这个要素展开成若干个具体要素来分析（见图 28－3）。

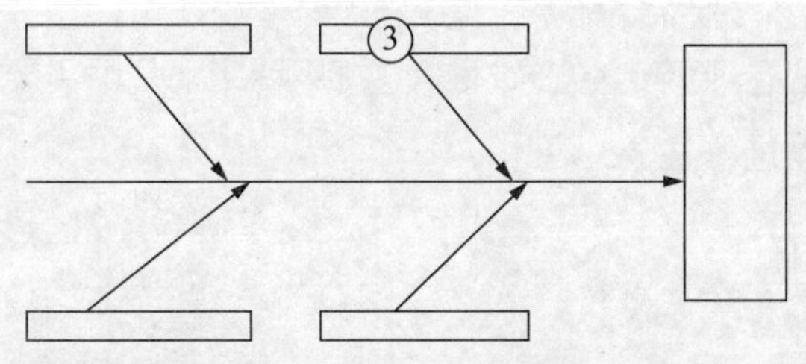

要点：绘图时，应保证大骨与主骨成60°夹角，中骨与主骨平行

图 28－3　因果图制作步骤 3

步骤四：召开头脑风暴会议，充分发扬民主，各抒己见，集思广益，把大家都想到的各种各样原因，按人、机、料、法、环 4M1E 要素的分类，分别填写在因果图的箭头支线上，表示某零件废品率高的具体原因。必要时，支线还可以分成多层，把原因更加具体化，但一般不要超过五层。一般情况下，要素原因要用中性词（例如人、机、料、法、环）来描述，不说明好坏。具体原因（中、小各个层次的原因）则必须使用价值判断，例如培训不足、设备精度超标、材料硬度不一致、工艺规程不全、环境温度过高等。

步骤五：原因全部找出来后，还要找出主要原因。把找出的主要原因

在因果图上标出来，可以用粗线条或其他颜色来标注，也可以把主要原因加个方框来显示。

步骤六：这样制作的因果图是草图，可能显得有些乱，事后最好重新制作一张正式的因果图，对草图中不合适的地方进行必要的调整，并在正式的图上记录必要的有关事项，例如注明参加讨论的人员、绘制时间、绘制人姓名以及其他可供参考查询的事项（见图 28－4）。

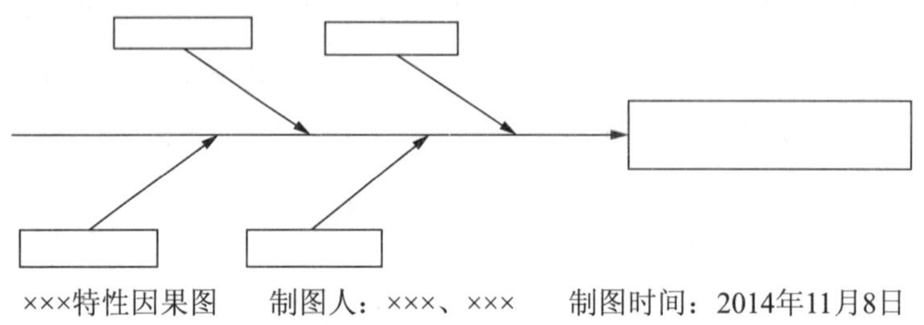

图 28－4　因果图示意图

图 28－5 是卷烟烟支空松质量问题的因果图，其中主要原因有三项，可以作为质量改进的主要对象。

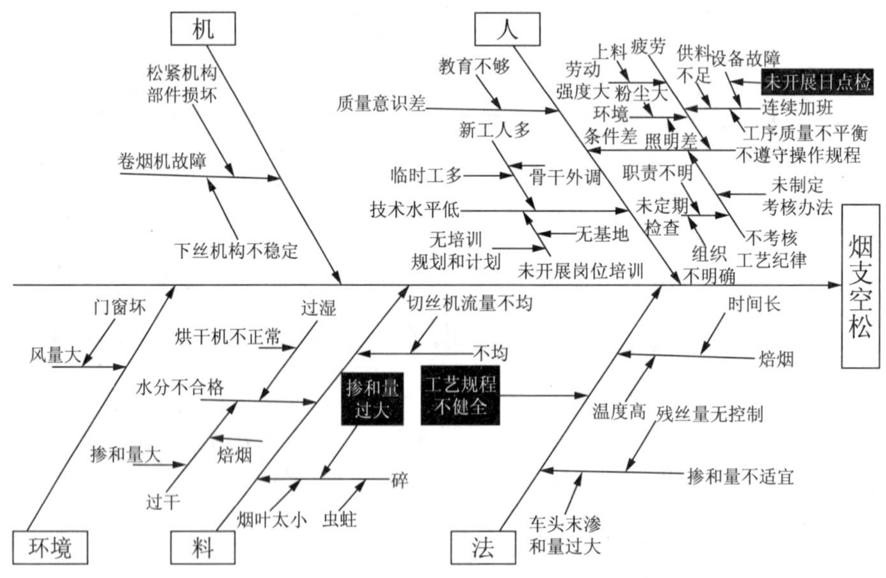

图 28－5　卷烟烟支空松因果图

28.3 怎样使用因果图

在使用因果图时,我们要注意以下事项。

(1)因果图针对的问题一定要具体,要单一。如果确定的质量问题不具体,就难以在因果图展开原因分析。如果一张因果图上包含了几个问题,也无法进行针对性的原因分析。例如,如果我们定一个“质量为什么不高”的问题,就显得太笼统了:是什么产品的质量?质量不高是指标准定得不高还是结果不高?是指性能不高还是次品太多?因果图面对这样的质量问题,往往无能为力。即使画出来,也没有多少实际作用。

(2)因果图上标注的原因一定要具体。要让因果图真正起到作用,不仅要把问题形成的原因全部找出来,而且还要追根究底,直到这样的原因是我们能够采取措施消除的。例如,我们虽然找到设备经常出故障这个原因了,却没有找到是什么故障,我们就难以采取措施消除故障,这样的原因往往也难以真正消除。当然,在寻找原因时,也不必过分追求层次,特别是那些大家一致认为或明显不是主要原因的要素,就可以不去分层,或者层次不必分得过细。

(3)一定要找出主要原因。进行质量改进,不管是选择改进的课题还是针对改进的问题,不管是寻找问题的原因还是采取针对的措施,都必须抓住“关键的少数”。不管是什么样的质量改进,都需要投入,或者要投入一定的经费,更多的是要我们投入相应的劳动。如果“眉毛胡子一把抓”,我们往往就顾不过来,甚至会“捡了芝麻丢了西瓜”,问题不但不能解决,反而引出新的麻烦。在使用因果图时,不但要把原因尽可能都找出来,更要找出主要原因。把原因全部找出来的目的,就是为了找出主要原因。如果原因没有全部找出,就可能漏掉主要原因。前者是手段,后者才是目的。

要从全部原因中找出主要原因,可以使用排除法。例如,人、机、料、法都没有变动,某零件次品率却突然升高,那么环境就肯定成为主要原因了。如果环境的其他条件都没有变化,而气温曾经发生了剧烈变化,那么

气温就是主要原因了。当然,很多情况下,主要原因并不是这样简单的。找主要原因,也可以通过调查、试验、分析、请教专家等各种方法来确定。主要原因往往不是一个,也可能有好几个,但一般不要超过7项。如果主要原因过多,还可以运用排列图来确定最主要的原因。

(4)要集思广益。最重要的是一定要充分讨论,不能由谁一个人说了算,也不能“闭门造车”。这一点我们在前面已经说过,这儿再强调一下。

(5)不要针对他人。还必须注意的是,在分析人的原因时,不要针对某一个人或某一些人,不要指责他人,要从行动而不是从思想态度去分析,否则就可能引起争吵,或者打击了他人的积极性,从而影响QCC的团结,甚至阻碍质量改进。

29 控制图

29.1 预防的重要工具

我们打工特战队的质量方针是预防为主，控制图就是预防的一个重要工具。

我们知道，不管对产品过程怎样控制，产品质量总会出现一定的偏差。例如，车工加工出来的零件，某一个尺寸不可能绝对一样。即使要求特别精密，也要给出一定的公差。所谓公差，就是指产品允许的变动量，有尺寸公差、形状公差、位置公差等。例如，产品尺寸公差，也就是最大极限尺寸与最小极限尺寸的代数差的绝对值，等于上偏差与下偏差的代数差的绝对值。以汽车发动机的轴为例，其直径尺寸肯定有一个上限值，一个下限值，只要在这两个限值之内，产品就是合格的，质量就没有问题。有的产品，可能只有上限值而没有下限值，或者相反。不管是哪种情况，上限值和下限值就是我们控制的界限。控制图就是带有控制界限的用于分析和判断过程是否处于控制状态的一种质量管理工具。

控制图又叫管理图，一般由两个坐标轴和三条控制线（中心线 CL、上控制线 UCL 、下控制线 LCL）构成。为了简化，有时连坐标轴也可以省掉（见图 29－1）。

我们加工的产品，肯定有不少的质量特性值，例如尺寸、表面精糙度、物质含量等，每一个质量特性值可能还有多个要求，例如一个传动轴的尺寸就可能有直径、长度等多个尺寸要求。虽然这些质量特性值都可能有上限值和下限值，都需要进行控制，但并不一定就需要采用控制图来进行

控制。一般来说，只有那些对产品质量影响很大加工又相对困难，或者容易造成超差或不合格，或者随着时间变化质量波动较为剧烈的质量特性值，才需要采用控制图来进行监视和控制。当然，诸如次品率、报废率、返修率、成本之类的数值也可以采取控制图来进行控制。

控制图有多种类型，其理论基础相对来说比较深奥，我们作为操作者，没有必要去弄懂控制图的理论问题，也没有必要去掌握全部类型的控制图。严格说来，我们采用质量特性值作为控制线的做法，还不能称为严格意义上的控制图，而是质量波动图。我们只从操作出发，尽可能把复杂的事情简单化。不管怎么说，控制线都是由技术人员确定的，我们不去管他们怎样确定，只需要知道是怎么回事，能够根据自己的工作实际使用就行了。也就是说，需要我们控制的数值，不管是质量特性值还是其他什么数值，只要处在上限值（UCL）和下限值（LCL）之间就行了。

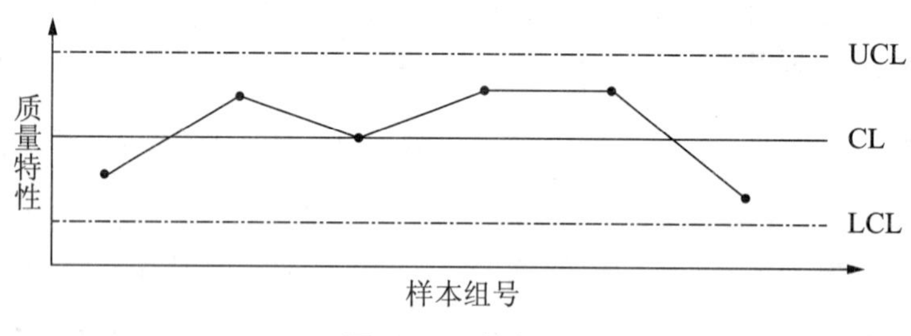

图 29－1　控制图

29.2　建立质量控制点

对操作者来说，控制图主要不是用于质量改进，更多的是用在日常的质量控制中。如果我们的岗位在质量控制点上，就需要使用控制图了。

质量控制点也叫质量管理点，是企业或车间重点控制的工序，对影响过程的人、机、料、法、环 4M1E 要素的要求往往更严格，需要采取的控制措施往往也更多。企业应当根据工序的质量情况合理地选择控制点，一般建立在关键部位、关键尺寸、工艺本身有特殊要求、对下工存有影响的关键工序上。如果质量不稳定、出现不良品较多，也可以建立质量控制点。作为打工特战队,我们的岗位往往在质量控制点上,这就要求我们学会使用控制图。

要根据控制点上的质量问题,合理选择控制图的种类。在使用控制图进行控制时,更要确定合理的控制界限,并不是控制界限越严就越好。不过,这往往由技术人员来确定,我们只要认真执行就可以了。

当然,如果我们的岗位不是质量控制点,也可以使用控制图,给自己增加一个预防质量事故的武器。

29.3 怎样制作控制图

制作控制图的步骤如下。

步骤一:根据控制要求,例如图纸资料、工艺流程之类规定的相关数值,先画出坐标。纵坐标一般表示质量特性值,横坐标一般表示加工或抽样的时间间隔、产品分组情况、样本序号。如果需要控制的数值相对简单,甚至可以不画这个坐标。

步骤二:在坐标上画出中心线(CL)。对我们操作者来说,这条线就是技术人员或图纸资料、工艺流程之类规定的那个数值。

步骤三:在坐标上画出上限值(UCL)和下限值(LCL)两条线。对我们操作者来说,这两条线就是技术人员或图纸资料、工艺流程之类规定的公差数值。

步骤四:按规定的抽样间隔和样本大小抽取样本(简单的就是按规定的加工时间间隔),测量样本的质量特性值,计算其统计量数值(简单的就是测量加工好的产品),把测量得到的数据,在控制图上相应的位置描点。

步骤五:有了两个点就可以把点和点用细线条连接起来,并持续连接下去。

步骤六:有了这样一张控制图,我们就能够预见到产品质量的波动趋势,可以及时采取纠正或预防措施,防止出现不合格。

29.4 怎样使用控制图

控制图上的点作为相同间隔时间生产的产品或随机抽样的样本的质量特性值,可以反映出生产加工过程的质量分布状态。通过对控制图上点的分布情况进行观察与分析,就可以判断生产过程是否处于稳定状态。

用控制图来识别生产过程状态,主要是对样本数据形成的样本点位置以及变化趋势进行分析和判断,失控状态主要表现为两种情况:一是样本点超出控制界限,二是样本点虽然在控制界限内但排列异常。

超出控制界限,不管是超出上限值还是下限值,都是不合格,这很好理解。出现了不合格,那说明加工过程中出了问题,这就需要我们去分析原因,找出主要原因,及时采取纠正措施,消除这样的原因,让加工过程回归正常(见图 29-2)。这当然也是一种质量改进。

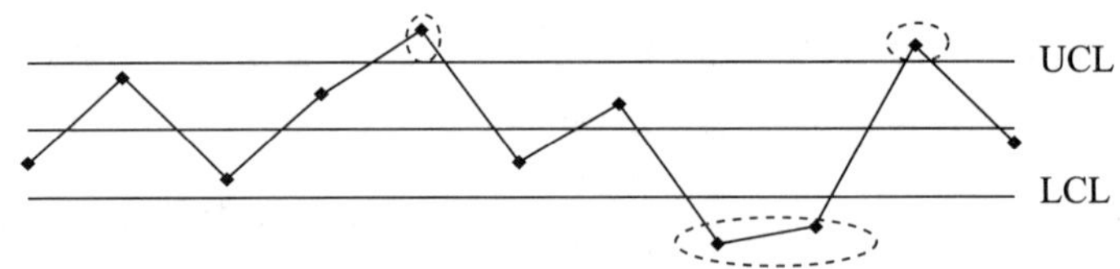

图 29-2 超出控制界限

所谓排列异常,是指所有的样本点都还处于上限值和下限值之内,产品质量都还是合格的,但存在着某种趋势,继续加工的产品很可能就会不合格了,下一个样本点马上就会越出控制界限之外。这种排列异常,主要有以下几种情况。

(1)连续 7 个以上的点全部偏离中心线上方或下方,这时应查看生产条件是否出现了变化(见图 29-3)。

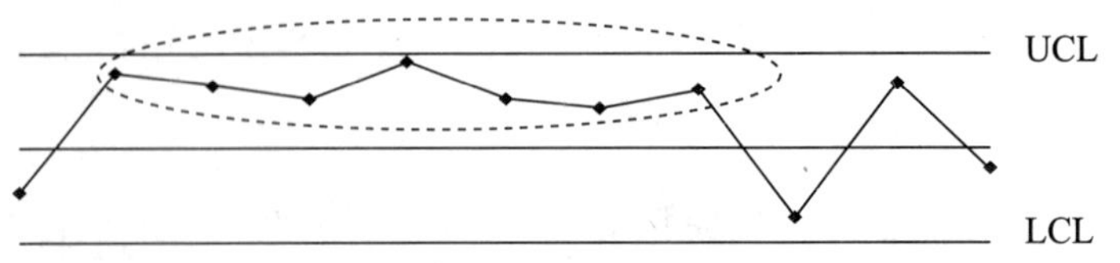

图 29-3 7 个点偏离中心线

(2)多于 2/3 的点进入控制界限的附近区域(指从中心线开始到控制界限的 2/3 以上的区域),这时应注意生产的波动度是否过大(见图 29－4)。

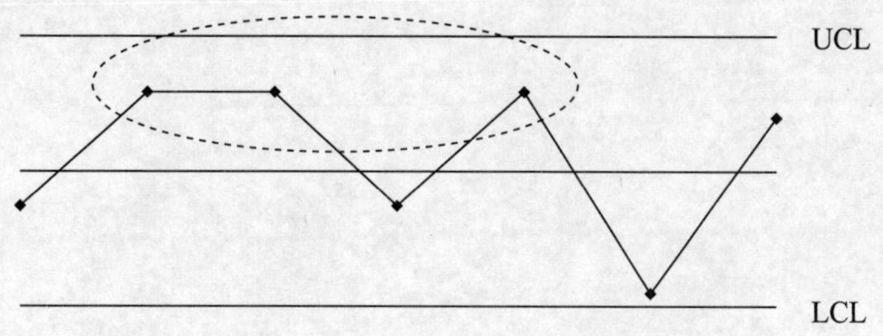

图 29－4　连续 3 个点进入控制界限附近

(3)连续 7 个点出现向上或向下的趋势,表明工序特性在向上或向下发生着变化(见图 29－5)。

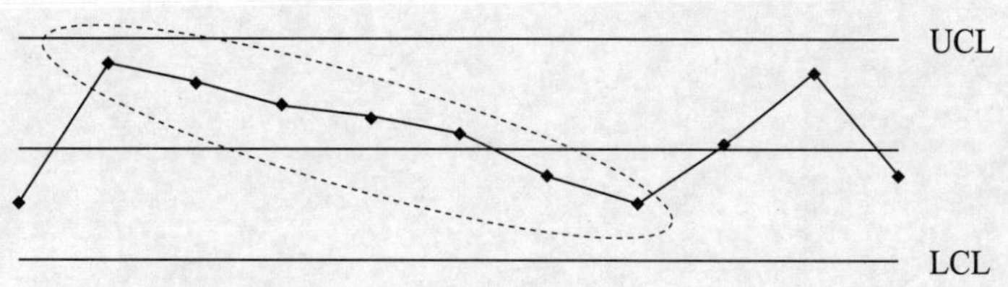

图 29－5　点相继出现向上或向下趋势

(4)点的排列状态呈周期性变化,这时可对作业时间进行层次处理,重新制作控制图,以便找出问题的原因(见图 29－6)。

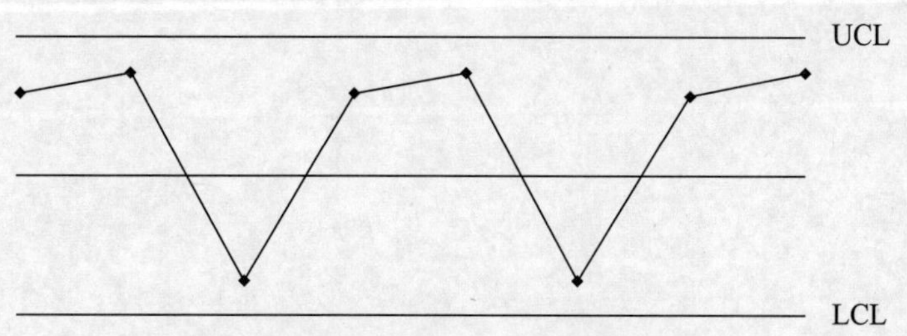

图 29－6　点的排列呈现周期性变化

要特别强调的是,控制图是用来控制过程质量的,是用来改进我们对过程的控制的。如果出现了超越控制界限的异常现象,却不去分析原因,不采取对策措施,不进行改进,那么,控制图画得再好,也只是空纸一张,没有用处。

30 措施计划表

30.1 措施计划表的作用

进行质量改进,把质量问题的原因和主要原因都找出来了,就要针对主要原因制定纠正措施或预防措施,这时就要运用到措施计划表了。针对问题原因采取的措施就是对策,因此,措施计划表又可以叫对策表。

通常情况下,措施计划表是在因果分析图的基础上,根据存在的质量问题的原因制定的。措施计划表的主要内容是为了解决质量问题准备采取的措施或对策,既是实施的计划,又是检查计划是否落实的依据。措施计划表不仅适用于质量改进,也广泛适用于各种质量控制活动,甚至也可以用在我们的日常生活中。

措施计划表通常包括以下几个方面的内容:项目、现状、目标、措施、责任人、完成期限、检查结果等。根据实际情况,措施计划表的栏目可以在基本格式的基础上增删或变换。例如,可以增加原因或主要原因、实施地点、检查记录等。也就是说,可以把 PDCQ 循环第四步中 Why(为什么)、Where(哪里干)、What(干到什么程度)、Who(谁来干)、When(何时完成)、How(怎样干)5WlH 要求都包含进来(见表 30－1)。

表 30－1　措施计划表

序号	项目	现状	原因	目标	措施	责任人	完成期限	检查结果	备注
1					(1)				
					(2)				
					(3)				
2					(1)				
					(2)				
3					(1)				
					(2)				
					(3)				
					(4)				
4					(1)				
					(2)				
5					(1)				
					(2)				
					(3)				
					(4)				
6					(1)				
					(2)				
					(3)				

30.2　怎样使用措施计划表

(1)要针对原因来制定措施。在 PDCA 循环中,制定措施是第四步,只有原因特别是主要原因找出来了,才能制定有针对性的措施。有什么样的原因就制定什么样的措施。没有列入因果图中的原因,不需要制定措施。即使是列入因果图中的一般原因,也可以不制定措施。但是,列入因果图中的主要原因,必须制定相应的措施。一般来说,一个原因至少应当制定一条措施,有的原因还要制定多条措施,才能消除出现质量问题的原因。

(2)措施一定要有可操作性。措施要根据原因分析得到的结果来制定,如果原因分析不到位,或者原因分析不具体,措施也就难以具体,也就难以操作。这样的措施往往无法实施,无法完成,即使做些动作,可能也是假动作,不能解决存在的质量问题。例如,把"提高员工的操作能力"作为一条措施,那么,提高哪些员工的操作能力?是什么样的操作能力?怎样去提高或通过什么方式去提高?由谁去提高?等等,都没有明确,要实施也就相当困难,很可能落实不了,也完成不了。这样的措施不具体、不明确,甚至可以称为是假措施,是起不到作用的。

(3)每一条措施都要落实到具体的人头身上。不管什么措施,都需要人去实施。没有人负责,措施就只能存留在纸面上,起不到应有的作用。责任人不能只落实到单位,还应当落实到具体的人头身上。需要的时候,也可以在措施计划表"措施"和"责任人"之间增加"责任单位"或"地点"一栏,以明确责任单位。即使有责任单位了,也还要明确责任人。这时,责任人可能就是该单位的负责人。

(4)一定要进行检查。人都有一定的惰性,即使把措施的实施责任明确到某一个人身上了,但他或者不重视,或者忘记了,或者因为实施中遇到困难放弃了,总之没有完成,于是就没有结果。这样的情况,现实中很多。因此,要明确规定完成的期限,还要进行必要的检查。进行检查的目的首先是督促,其次是了解情况,再次是帮助解决困难。为了做好检查,必要时也可以在措施计划表完成期限和检查结果之间增加"检查人"和"检查方式"栏,以强调检查。

(5)对实施过程中发现的问题要及时处理。在质量改进中,措施计划表是实施的依据,因此一定要按规定的内容执行。但是,实施过程很可能出现一些意想不到的问题,需要及时发现,及时采取措施加以解决。作为打工特战队,我们往往是质量改进的主力,是质量管理小组(QCC)的中心人物,承担着领导、组织、协调的任务。当实施过程中出现新的问题,我们应当主动站出来,帮助解决。这样,质量改进才能继续下去,才能取

得成功。一遇到困难,一出现问题就放弃,不是我们的性格。作为“质量一根筋”,我们一定要坚守,一定要坚持。而坚守坚持的具体行动就是主动解决实施过程中出现的问题和困难。

小结　我的改进法宝

我们用 PDCA 循环的四个阶段、八个步骤和常用的统计工具的关系表来对本篇的内容做一个小结。

PDCA 循环和常用统计工具

阶段	步骤	内容	采用的方法	要求
P 阶段	步骤 1	找出存在问题	(1)排列图 (2)控制图	(1)克服自满情绪 (2)要针对存在的具体问题 (3)尽量用数据加以说明
	步骤 2	找出问题原因	(1)头脑风暴法 (2)因果图	(1)发动大家一起来找 (2)原因要具体,切忌主观、笼统 (3)原因要尽量找全,不要遗漏
	步骤 3	找出问题的主要原因	(1)因果图 (2)排列图	(1)主要原因要具体、直接 (2)主要原因要能够得到解决
	步骤 4	制定措施	措施计划表	(1)措施要具体、明确、能够实施 (2)措施要用"5W1H"来核对:Why(为什么)、Where(哪里干)、What(干到什么程度)、Who(谁来干)、When(何时完成)、How(怎样干)
D 阶段	步骤 5	执行计划	按措施计划的要求选择必要的方法和工具	(1)严格按措施计划表的规定执行 (2)必要时要进行督促
C 阶段	步骤 6	检查效果	(1)排列图 (2)控制图 (3)与措施对应的其他检查方法或工具	(1)检查效果一定要真实,不得造假 (2)必要时由第三方来进行检查 (3)检查中发现未认真执行措施计划的要督促执行

表(续)

阶段	步骤	内容	采用的方法	要求
A 阶段	步骤 7	巩固措施		(1)总结成绩和经验 (2)制定或修改相关标准、程序、制度等 (3)制定或修改相关标准、程序,制定时必须按规定进行
	步骤 8	处置遗留问题		把遗留问题作为新的改进对象,反映到下一个循环的计划中,从步骤1 重新开始

我们再重复一遍,质量改进的程序有八个步骤:一是找出存在的问题;二是找出问题的原因;三是找出问题的主要原因;四是针对主要原因制定措施计划;五是实施措施计划;六是检查采取措施后的效果;七是把改进成果纳入到有关的标准、规定和制度之中;八是把遗留的问题纳入到下一次的改进之中。

这样不断的循环,就是持续改进。长期的持续改进,不仅可以让产品质量、过程质量和企业的质量管理出现飞跃,导致改革创新,而且也可以提高我们的质量能力,改进人际关系,让我们感受到改进的乐趣,实现人生价值。

结语　质量光耀我人生

东风吹，战鼓擂，
我是打工特战队。
车间里面摆战场，
生产线上显神威。

守纪律，讲效率，
一次成功都做对。
确保产品全合格，
我是打工特战队！

作为世界工厂，我们的产品源源不断地流出厂房，流出车间，流向大江南北，流向五洲四海，为中国人带去了丰富多彩，为全世界带去了价廉物美，支撑着中国经济的飞速发展，支撑着中国梦的美好明天。

虽然我们只是“屌丝”，只是“矮穷挫”，只是“杀马特”，但我们是世界工厂的主体。没有我们，机器不可能轰鸣，装配线只有停转，车间就要关门，企业就要破产，世界工厂也就要失去辉煌，没有了前程。

我们奋战在建筑工地，工作在生产线上，辛劳在炼钢炉旁。“从来没有什么救世主，也不靠神仙皇帝。要创造人间的幸福，全靠我们自己！”我们的命运不能交给老板，也不能交给管理人员。我们要把握自己的命运，就要提升自己的能力，提升自己的价值。加入打工特战队，就是提升我们能力、提升我们价值的一条捷径。

作为打工特战队，我们是“质量一根筋”，始终把质量放在第一位，有着强烈的质量意识，有着高超的质量能力，知道很多的质量知识，掌握着适用的质量管理工具，能够严格控制质量，能够持续改进质量，用质量打天下，用质量抓机遇，用质量赢赞赏，用质量创奇迹，用质量树标杆，用质量获幸福，用质量为自己减轻劳动强度，为企业降低成本，为顾客创造更多价值，为社会做出更大贡献。

质量让我们的工作大放光彩，让我们的人生更加灿烂。

我们为自己是打工特战队而感到光荣和自豪！

参考文献

[1]约瑟夫·M·朱兰,等. 朱兰质量手册[M]. 北京:人民大学出版社,2003.

[2]约瑟夫·M·朱兰,等. 质量控制手册[M]. 上海:上海科技文献出版社,1981.

[3]李正权. 质量问题大剖析——对质量的社会学研究[M]. 北京:电子科技大学出版社,1992.

[4]李正权. 质量心理学概要[M]. 北京:经济科学出版社,2012.

[5]孙磊. 质量管理实战全书[M]. 北京:人民邮电出版社,2011.

[6]张富山,李正权. 方针目标——现实的蓝图[M]. 北京:中国计划出版社,中国香港:科荣出版社(香港)有限公司,2001.

[7]中国质量管理协会. 全面质量基本知识[M]. 北京:科学普及出版社,1990.

[8]刘殿襄,李本兴,等. 质量管理技术咨询讲义[M]. 北京:机械工业出版社,1985.

[9]李金琦,刘茂江,李之林,等. 质量监督员培训教材[M]. 北京:机械工业出版社,1986.

[10]天津市质量管理协会. 生产现场质量管理[M]. 天津:天津科学技术出版社,1989.

[11]张富山,李正权. 质量管理工具箱——基本的手段[M]. 北京:中国计划出版社,中国香港:科荣出版社(香港)有限公司,2001.

后　记

在中国质量俱乐部主任孙磊先生的大力鼓动下，在中国质检出版社王成编辑的有力支持下，从2013年下半年开始，我接连写了《我是打工特战队》《我用质量打天下》《走进质量心理学60问》和《质量是个经济问题》4本书，将我近30年来从事质量管理工作和质量管理理论研究的一些心得体会留存下来，也算我对自己终生喜爱的质量管理事业奉献的一点心血和成果。完成最后一本书的初稿，正是月圆之时。“举头望明月，低头思人生。”于是想起退休之前时我写的一篇散文《减去十岁知天命》。且录于此，权作这套书的后记。

20世纪80年代初，谌容那篇《减去十岁》的小说风靡一时。那当然是个黑色幽默，但不知为何，这几年我总觉得自己的人生也存在着这样的黑色幽默。

十年动乱刚结束时，我曾写过“三十而立立何处，学诗有时怜李贺”的句子，“而立”之时没能“立”。四十岁时我写《四十而惑》，“不惑之年”反而“惑”得厉害。五十岁前写《问何物能令公喜》，本应“知天命”了，反而还幻想着有什么意外之喜。如今一晃就是六十了，应当是“耳顺”了，却好像才刚刚“知天命”。你看，这不恰恰是与古人所说的相差十岁吗？看来，不管政府是否给我减去十岁，也不管他人如何看法如何说法，我自己只能给自己减去十岁了。如今快满六十了，减去十岁也有五十，即使明早死去，也不算早死夭折。这话好像不吉利，不过我从来不相信吉凶祸福是哪句话就能够讨来的。

六十岁才“知天命”,似乎晚了一点。但能够“知”,似乎也应当是一件乐事。“天命”是什么？我认为就是客观条件决定了的一个人的命运。虽然人还可以奋斗,还可以抗争,还可以加入主观因素去改变若干客观条件,但人的命运绝对冲不破客观条件决定的那个上限,最多只能到达上限的边缘。可能这有点悲观,但这却是历史唯物主义的基本观点,再乐观的人也无法改变。

本人出身在搬运工人家庭,父母连一加一等于二也没有教过我,全靠脑袋瓜子还不太差,读书时成绩也还可以。但是,一上学,就遇上反右,一个给我们讲白雪公主故事的女老师成了右派。紧接着又是大跃进,又是“困难时期”,我八岁就住读,经常饿得浑身发软不说,放学无事竟然与同学赌看太阳,比谁看得久,把眼睛也看坏了。然后就读初中,然后就是“四清”,然后就是文革,作为“红五类”,当然要“冲在前”,经历了好多枪林弹雨却毫发无损,也是“天命”使然？然后当知青,然后当工人,虽然忘起命读书,忘起命工作,忘起命写作,东奔西突,却始终摆不脱“天命”的约束。虽然也出版过若干专著,虽然也发表过若干论文之类,但自己感觉还是一事无成。有时,比比某些专家学者教授之类,自诩自己的专著、论文并不比他们差一丝一毫,却要为诸如会务费之类的经费而不能参与学术研讨而难受,便感觉有些不平。如今要年满花甲了,才明白这乃“天命”使然,于是也就释然。

年轻时曾写过“唯物者,胆气横,敢与天命比输赢”的句子,那是不知“天命”而为之的,不足为训。我不知道我现在是否已经达到“天命”限定我的那个人生的上限没有。但愿还没有达到,我还可以在以后的岁月里继续抗争,力争在死亡之前能够达到那个上限,我也就可以“死而瞑目”了。

虽然离写此文又过了好几年,这几年里也出版了两三本专著,还出版了一本回忆录,但我依然不知道是否达到了那个上限。且不管它！用ISO 9000国际标准的术语来说,人生也是“将输入转化为输出的相互关联或相互作用的一组活动”。也就是说，人生也是一个过程，过程就应当增值，人生才有意义。也就是说，一个人奉献给社会的资源应当大于他消耗的资源，二者之间的差越大，人生也就越有意义。所谓意义，也就是对社会，对人类有正面的价值，有正面的作用。我不敢肯定自己写的这些书是否有意义，是否能够得到读者认可，是否能够为社会提供一点正面的价值，起一点正面的作用。此心忐忑，所以为记。

李正权

2014 年 10 月